그와의 한 시대는 그래도 아름다웠다

그와의 한 시대는 그래도 아름다웠다

이청준 지음   김선두 그림

책머리에

『현대문학』 2002년 6월호부터 2003년 8월호까지 연재한 산문을 한데 묶는다. 대부분 돌과 나무와 강물의 이름에 의지해 쓴 글들이지만, 그것은 구실일 뿐 소설을 쓰면서 겪어온 한 세월 세상살이에 대한 작은 느낌들을 적은 셈이다. 거기에 내 소설과 문학에 대한 생각 몇 토막을 덧붙였다.

글을 묶으면서 앞뒤 줄기를 따라 살펴보니 더러 비슷하거나 중복된 이야기가 띄었지만, 글 꼭지마다의 이음과 흐름을 건드리지 않기 위해 그대로 두었다.

사람과 세상을 읽는 내 글눈이 비록 깊지는 못하더라도 아무쪼록 따뜻하게 읽혀지기를 빌 뿐이다.

2003년 초가을
이청준 삼가

| 목 차 |

책머리에　　5

그와의 한 시대는 그래도 아름다웠다　　9
잡석들의 사연　　21
첫 인연　　27
중동 건설 붐과 사해의 염석鹽石　　33
독도와 화산석　　43
관매도 뱃길과 거대 남근석　　47
역사를 품은 돌　　53
돌의 상상력　　57
돌이 구르는 법　　63
흐를 수 없는 돌　　69
떠남과 돌아옴의 길목　　75
울릉여행 유감　　85
백두산엔 왜 가야 했나　　95
다시 흐르고 싶은 장강長江 뱃길　　105

대중예술 시대와 문학의 위상　115

나무들도 흐르고 떠나간다　125

시인, 화가와 고향 봄길을 가다　135

고향집 골목의 배꽃　147

그 나무 아래 서 있는 사람들　151

누님으로 변한 옛 여자 동창생　153

마음속에 새로 심어가는 나무　159

내 소설 속을 흘러간 사람들―내 글벗과 선생님들　163

독자와 함께 쓰는 소설?　175

소록도의 꽃　179

잊을 수 없는, 잊혀지지 않는―말씀의 기억　183

나는 왜 문학을 하는가　195

뱀헤엄과 내 소설의 몫　203

자신을 씻겨온 소설질　209

그와의 한 시대는 그래도 아름다웠다
― 한 동시대 시인과의 지난날들을 돌아보며

    1970년대 초반 오규원의 첫 시집 『분명한 사건』과 두 번째 시집 『순례』 사이의 어느 해 늦여름쯤으로 기억된다. 종로 2가 YMCA 건물의 한 다방에서 처음 만난 오규원의 첫인상은 그 깡마른 얼굴이나 손 모습에도 불구하고 매우 편안한 호인풍이었다. 세상이고 문학이고 다 그렇고 그런 거지 뭐! 가는 눈길에 늘상 나른한 웃음기를 머금는 표정이 그런 식으로 어딘지 방심스런 달관기를 느끼게 하는. 그래 그 몇 년 뒤(1981) 『볼펜을 발꾸락에 끼고』라는 냉소적 책제의 산문집이 출판될 때 그 앞표지 날개 글에 나는 그때까지의 그의 인상기를 이렇게 농기 섞어 적은 일이 있다.
    ―오가 이 자가 어딜 갔나. 작자가 보이지 않아 한참 허둥대고 찾다보면, 그런 내 등뒤에서 소리없이 웃고 서 있는 자가 오규원이다.

그는 늘 그렇게 의뭉하고 엉큼스럽다. 말이나 행동가지가 모두 그렇다. 무슨 이야기를 하다보면 작자는 먼저 그 이야기의 핵심에 들어앉아 이쪽의 내심을 엿보고 소리없이 혼자 낄낄거린다. 비평장이 김현은 작자의 얼굴이 말처럼 길다고 흉을 본 일이 있지만, 작자는 실상 그 웃음까지 영락없는 마공馬公의 그것이다. 긴 얼굴에 혼자 히물거리는 웃음—.

하지만 그의 눈길이 그렇듯 늘 부드럽고 그의 웃음이 그저 방심스런 달관기에만 말미암지 않은 것임을 안 것은 이미 그 무렵부터였을 것이다. 아니, 그 눈길과 웃음기에 새로 보이지 않는 가시가 박히고 칼날이 숨겨지기 시작했다고 할지. 다름아니라 그 책이 나온 때가 어떤 시기였는지를 돌이켜보면 짐작할 수 있으려니와, 이미 석달가량 서울을 비켜 시골로 내려가 지내다 돌아온 나는 그 날개글에서 이렇게 이어 적고 있었으니까.

—사람이 곧 글이라고 작자의 산문들 또한 엉큼하고 의뭉스런 이해의 덫이 곳곳에 숨겨져 있음을 잊지 말아야 한다. 꿈에 물먹이기, 언어에 물먹이기……. 인간에 물먹이기, 「꿈에 물먹이기」라는 시에서 그 자신이 슬쩍 흘려 말했듯, 그의 산문에 나타나는 빛나는 유머와 섬뜩거리는 풍자에 넋없이 따라 웃다가는 글을 읽는 사람이 오히려 물을 먹기 십상이다. 작자의 글에서 그를 볼 수 있는 것이 아니라, 거꾸로 이쪽이 뒤를 엿보이고 쑥스러운 곳을 들킨 기분이 들게 되기 때문이다……. 그는 아마 그 자신과 우리들과 이 세계가 몽땅

함께 부서져 내려앉기나 했으면 직성이 풀릴 모양이다……. 그것은 그가 '지금 여기에서' 함께 부서지기를 바람에서일 것이다. 부서져서 다시 새 세상으로 태어나기를 바람에서일 것이다…….

 그러니 그때부터 그의 눈길에서 그 편안한 호인풍의 웃음기가 사라지고, 그의 말투와 시편에 심한 비틀기와 뒤집기와 매서운 자조기가 더욱 심하게 발열하기 시작한 것은 매우 당연한 일이었을지 모른다. 그때부터 우리는 누구나 갈수록 더 나쁜 시대를 살아야 했으니까. 아닌게아니라 세상이 온통 함께 부서져 내려앉기나 바랄 수밖에 없을 만큼. 아니, 우리는 그때 이미 부서질 만큼 부서져 있었거나, 차라리 서로간의 침묵과 부재에서나 모종의 믿음과 위안을 얻을 수 있었으니까.

> ……시는 추상的이니 구상的은 오해 마라. 시인은 病身이니 안 病身은 오해 마라. 지금 한국은 散文이다. 정치도 散文 사회도 散文 시인도 散文이다. 散文的이기 위한 전쟁시대, 시인들이 전쟁터로 끌려가는 모습이 보인다. 끌려가는 시인의 빛나는 制服. 끌려가지 못하는 病身들만 남아 制服도 없이 아, 시를 쓴다…….

 80년 가을 그는 서울에서 출판사(문장) 일로 힘든 세월을 견디고 있었고, 나는 앞서 말했듯 남쪽 시골집에서 바다 나들이를 일삼으며 서울과 제주 간을 오가는 비행기 꼬리의 흰 운적이나 쳐다보고 지낼 때였다. 하루는 그가 만든 이상의 수상집 『날자, 한번만 더 날자꾸나』를 우송해왔다. 그 책에는 자신뿐만 아니라 내가 지내는 세월에 대해 한두 마디쯤 아는 척하는 소리가 끼여 있을 법한데도 그런 흔적을 전혀 찾을 수가 없었다. 하지만 나는 그 데면데면한 책갈피를 뒤적이며 옛 이상의 격절스런 심회보다 그의 매정한 침묵 속에 앞에 적은 그의 '詩人들'을 떠올리며 오히려 얼마나 뜨거운 감회에 젖었었는지.

오늘 오가가 책을 한 권 부쳐왔다……. 심심풀이로 넘겨보라는 뜻이리라. 혹은 우편물에 내 주소를 적는 일로 하고 싶은 말을 대신하고 있었기 때문이리라. 책갈피 속에라도 짐짓 안부 말 한 마디 적어 넣지 않는 데에서 오히려 그런 오가의 마음을 읽는다…….(졸작 「여름의 추상」 중에서)

그리고 다시 20여 년. 이후 나는 오규원의 얼굴에서 그 나른하고 스스럼없는 웃음기가 살아나는 것을 보지 못했다. 하긴 그나 나나 이젠 어차피 웃고 살 시절은 옛날에 지나갔고, 아쉽고 억울한 대로 그게 어쩔 수 없는 일일 터이지만, 어쨌거나 그의 눈빛은 늘 날카로운 서슬이 느껴져 편안하지가 않았고, 가만가만 조심스럽게 건네오는 목소리에도 까닭 모를 추궁기 같은 것이 느껴져 지레 긴장을 하게 되곤 하였다.

나는 시에서 구원이나 해탈을 요구하지 않았다. 진리나 사상도 요구하지 않았다. 내가 시에게 요구한 것은 인간이 만든 그와 같은 모든 관념의 허구에서 벗어난 세계였다……. 인간이 문화라는 명목으로 덧칠해 놓은 지배적 관념이나 허구를 벗기고, 세계의 실체인 '頭頭物物'의 말(현상적 사실)을 날것, 즉 '날 이미지' 그대로 옮겨 달라는 것이었다……. 세계는 개체와 집합 또는 상호수평적 연관 관계의 구조라고 말해야 한다……. 나의 시 또한 그러한 개방적 이미지와 구조이기를 꿈꾼다…….

비교적 근자에 씌어진 글을 보면 그의 시나 시어(스스로 존재하고 드러나는 시어의 자유로운 세계)에 대한 목소리 역시 내겐 그렇듯 엄격하고 가파른 느낌이다. 그것은 물론 우리의 버거운 삶을 시로써 살아 넘으려는 자의 도저한 안간힘과 가열스런 궁구의 몸살기 때문임을 안다. 뿐만 아니라 그에게 있어 시를 쓰는 일은 '산업사회와 도시화가 몰고 온 물량화에 가려진 이 세계와 진실을 까뒤집어, 소외된 인간을 소외 이전으로 회복하는 일이며, 동시에 우리로 하여금 올바른 삶의 인식을 위한 계기를 마련하는 데에 바쳐지는 것'임도 알고 있다.

하지만 그렇다면 오규원은 이제 그의 시와 삶의 험난한 고갯길을 편안하게 다 넘어섰는가. 그의 시로써 그의 삶은 비로소 해방과 달관적 안식을 얻었는가. 바보 같은 소리지만 필경 그렇지는 못할 것이다. 그럴 수가 없었을 것이다(자신의 시와 삶에 그토록 끝끝내 엄격한 사람은!) 그에게선 아직도 부드러운 목소리나 편안한 웃음이 되살아나지 않았고, 육신은 그 나이의 짐까지 더하여 여전히 깡말라가고 있지 않은가. 아니 무엇보다 그는 그 지난한 시의 길, 시의 숙명, 시형詩刑에 처해진 위인(여사한 그의 모습만 하여도 시인 이외에 달리 무슨 말로 부를 말이 있을 것인가!)이기 때문이다. 그래서 나는 더러 그의 시나 목소리에서 그의 삶의 해방이나 구원의 음색에 앞서 그 시와 시의 운명에 대한 저주 어린(!) 절규를 들을 때마저 있지 않았던가. 시를 통한 삶의 넘어섬이나 관조적 달관보다 날카로운 눈빛과 맑은 정신만 남고, 육신의 힘은 그 시혼詩鬼에 쫓기고 쫓기다 기암해 가라앉아 버리지나 않을지. 검은머리 청년기 모습부터 초로의 초상까지 차례로 실려나온 그의 시집들을 얻어 간직하며 그와 한 시대를 함께해온 나로서는 (그의 시를 깊이 이해하지 못한 탓일지 모르지만) 그부터 걱정이 앞선다.

하지만 다시 생각해보면 내 그런 걱정은 심히 당찮고 주제넘은 노릇 같기도 하다. 오규원은 실상 그의 일상 속에 이미 그 모든 것을 허물없이 받아들여 마음과 정신이 더없이 부드럽고 넓어져 있음을

알기 때문이다. 그리고 나는 거꾸로 그런 그에게서 더 없는 위로와 신세를 지고 있음을 알았기 때문이다.

나는 물론 전에도 그의 위로와 신세를 입은 일이 적지 않았다. 1976년에 초판을 내기 시작한 내 장편 『당신들의 천국』의 표지와 이후의 창작집 『예언자』의 표지는 그의 장인다운 솜씨로 꾸며진 이래 지금까지 중판이 계속돼오고 있거니와, 그가 출판사 '문장'을 차리고 있을 때는 그곳이 내 휴식처 겸 헌 원고를 구실 삼은 용돈 조달처 노릇을 해주었고, 나중에 그의 집 요크셔테리어종 강아지 한 마리를 분양해주면서는 녀석의 이사 보금자리로 집 안의 털모자에 족보와 세세한 주의사항을 일러 적어주고, 그도 모자라 녀석과의 이별기('플로도를 위한 메모')까지 초하여 꼼꼼한 뒷단속을 해주었다. 그런 오규원과의 자잘한 어울림과 시간 보내기는 그러니까 그 살벌한 시대에 자기 마음속 사슬을 지워주는 한줄기 틈새 햇빛 같은 것이었다고 할까.

그런데 그 오규원의 자상함과 따스함은 이 30년 세월 동안 그의 시와 삶의 깊은 정한(혹은 맞드잡이!) 속에 더없이 그윽한 사랑의 향기로 숙성되어 다시 나를 뜨겁게 위로해온 것이다.

1999년 12월 세모의 어느 날 저녁. 신촌의 '방비원'에서 내 회갑년에 즈음해 문우들이 꾸며준 '李某 깊이 읽기' 출간 모임을 끝내고 집에 돌아오니, 그 자리에 결참했던 오규원의 편지가 한장 당도해 있었다. 그러니까 오규원은 '방비원' 대신 그렇게 집으로 나를 찾아온 셈이었고, 나 또한 그날의 그의 글을 당일의 감동이나 고마움과 함께 늘상 곁에 두고 그를 대하듯 새롭게 읽고 또 읽는다. 그리고 올해는 그가 회갑년을 맞고 보낸다.

하여 그에 비해 마음이 너무 비좁고 누추하여 위로다운 위로의 말을 찾아내기 어려운 처지에서, 나는 여기 이상한 방법이지만, 시의 길에선 일면 등선登仙을 이룬 듯 정밀한 그의 마음 한 자락을 빌어 잘라 남루하나마 내 진심의 고마움과 기림의 뜻을 되돌려 전하고자 한다.

    내 방의 창이 뒤뜰로 나 있다. 그 뒤뜰은 며칠 사이에 하루 간격으로 내려 쌓인 눈 덕분에 오늘까지도 온통 하얗다. 아직까지 누구도 그곳에 발자국을 찍은 흔적은 없다. 이곳 산속의 맑은 햇살까지 언덕에서부터 미끄러져 내려, 창 밖을 보는 내 눈이 시리지만, 허나 이 눈부시게 하얀 적설이 눈물까지 동반하고 있지는 않다. '아그의 발자국'을 되밟고 돌아온 한 인간의 마음이 이곳에 없기 때문이리라. 이곳의 눈은 그냥 그것 자체로 빛나는 존재로 있다. 날개가 달린 하얀 물 또는 날개를 접은 하얀 물, 바람이 불거나 새가 지나가면 함께 또 어디론가 떠날 그런 존재. 그러므로, 책상에 턱을 괴고 내가 보고 있는 저 눈부시게 하얀 존재들은, 내가 밟을 때까지는 나와 차가운

관계를 계속할 터이다. 아마도. 그렇지만, 그래도, '새벽 눈을 밟고 찾아온 친구를 위해 한 인간이 마련해 두었다는 앞뜰의 발자국 하나 없는 눈'을 떠올리기는 한다(*내 졸작 「눈길」과 「얼굴 없는 방문객」의 눈을 염두에 둔 말로, 상기한 그의 '두두물물'의 말을 떠올리게 한다).

나는, 나라는 인간 곁에 잠시 쉬고 있는 저 '자연'인 눈을 앞에 두고 오늘 저녁에는 혼자, 책상 위에 따뜻한 차를 한 잔 갖다 놓을 작정이다. 그리고 천천히 마실 생각이다. 오늘이 1999년 12월 17일(금요일)이기 때문이다. 오늘은 유난히 날씨조차 청명하다. 밤도 그러할 것이다.

추운 겨울날의 내 외출은 거의 '작전'에 가깝다…….(*이어, 이날 저녁 모임에 나올 수 없었던 건강 상태에 대한 설명이 있은 다음) 아마도 오늘 저녁에는, 이 집이 어둠 속을 항해하는 배처럼 흔들리지는 않을 터이다. 내가 밧줄을 단단히 묶고, '방비원'이 잘 보이는 선실의 창가에 앉아 있을 작정이니까.

축하한다. 진심으로! 서후리에서.

이 오규원과 함께해온 우리의 한 시대를 어찌 힘들고 고통스러웠다고만 할 수 있으며, 그와 함께 짊어져온 문학과 삶의 길을 어찌 헛되다 할 수 있을 것이랴.

오규원이여, 규원의 시여, 문학이여! 부디 늘 강건하고 새롭고 영원하라!

잡석들의 사연
─ 돌 이야기 · 1

"이 집엔 웬 쓰잘데없는 돌멩이가 이리 많아?"

누군가 우리 집엘 들렀다가 그렇게 핀잔조로 물었던 적이 있었다. 우리 집 구석구석엔 사실 그런저런 '돌멩이'들이 흔하기 때문이다.

하지만 지난날 우리 선인들은 황금 보기를 돌같이 여기라 가르친 것과는 달리 수석壽石 모으기를 썩 고상한 취미 겸 이재 수단으로 여기는 요즘엔 돌이 곧 황금이다. 그런데 무슨 쓰잘데없는 돌멩이라니!

망발일까 싶지만 그의 말은 사실 크게 틀린 소리가 아니다. 그 돌멩이들은 대개 모양새나 경도硬度 면에서 수석급과는 거리가 먼 잡석류에 불과한 것들이니, 그걸 보고 '웬 돌멩이' 정도가 아니라 '자갈밭이냐' 했어도 나는 할 말이 없었을 터이다. 우리 수석문화의 중

홍조라 부를 만한 고 혜산(兮山 朴斗鎭) 선생께서 그런 핀잔을 내리셨다면 더욱 그러했으리라.

하지만 그 돌멩이들은 내게 그럴 만한 내력과 뜻이 있는 것들이기도 하다. 따지고 보면 어느 누구의 귀중한 소장품보다 내게는 뜻깊은 사연과 소중한 추억들이 새겨져 있는 것들이기 때문이다. 그 사연은 이러하다.

언제부턴지 나는 여행을 다녀올 때면 그 여행지를 기억할 만한 작은 돌멩이 하나씩을 주워오는 버릇이 들었다. 그야 여행지 곳곳에서 사진을 찍어 올 수도 있고, 메모나 일기 따위를 써 남길 수도 있긴 했다. 하지만 사진기를 지니고 다니면 손이 거추장스러울 뿐 아니라 구경 시간을 빼앗기는 경우가 많은 데다(거기에는 남의 카메라에나 의지하려는 심보도 숨어 있었으리라), 뒷날 가서 그걸 다시 들춰보는 경우도 드물었다. 더욱이 메모나 일기 따위 여행기록을 남기는 일은 애초 마음에 두고 싶지도 않았다. 내 주변에선 더러, 자네같은 글 전문가는 잠깐 화장실에 앉아 있는 시간에도 쉽게 생각해 써낼 수 있을 거라며 이런저런 축사나 기념사 대필을 부탁해오는 일이 있어 애를 먹곤 하지만, 글품팔이로 살아가는 사람치고 글쓰기에 진절미를 내지 않을 사람이 없는 판에, 하물며 남의 글 대필은 물론, 여행지에서까지 그 비슷한 노릇은 아예 가까이하고 싶질 않아서였다.

그래 때마다 여행기 대신 삼아 하나씩 주워 지녀온 것이 그 돌멩이들인데, 더러 모양이 괜찮은 것은 기념물 삼아 이웃 친지들에게 나눠주고도 남아 있는 백 수십 여 개의 잡석조각 돌멩이들이 집 안 곳곳에 국내외의 여행지도를 그려놓고 있는 것이다.

"그럼 이 돌멩이들이 모두 어디서 주워온 것인질 기억한단 말인가."

그런 설명을 들은 사람들은 더러 의심쩍은 눈길로 묻곤 한다. 그리고 그런 때 내 대답은 '그렇고 말고'다. 그것은 물론 얼마간의 과장기가 끼인 소리일 수도 있을 것이다. 하지만 몇몇 예외를 제외하곤 나는 대부분 그 돌멩이들의 원적지를 생생히 기억한다. 더불어 그 여행의 목적이나 동행인들, 이런저런 추억거리를 떠올리며 새삼 훈훈한 감회에 젖곤 한다.

그것은 내 기억력이 그만큼 좋아서가 아니라 나중에 그 여행지를 기억해내기 쉽도록 그 지역 특색이 배인 돌멩이를 집어오기 때문이다. 그리고 여행지에서 돌아오면 나는 한동안 그 돌조각을 눈길 가까운 곳에 두고 여정중의 여러 인물상과 일화들을 되돌이키기 좋아하는 때문이다. 이를테면 80년대 울릉도에선 그곳 해안가의 검은색 현무암 한 조각을, 제주도에서는 구멍이 숭숭 뚫린 화산석을, 그리고 90년대 프랑스의 노르망디 해안에서는 조개껍질을 닮은 하얀색 모랫돌을, 2천 년대의 멕시코 마야 유적지에서는 그곳 신전들을 연상하게 되는 얼룩덜룩 뱀 형상의 자갈돌을 집어들고 오는 식이다. 그리고 울릉도의 현무암 조각에선 홍성원, 김병익, 김원일 같은 문우들과의 심한 풍랑 속 항해(특히 독도행)와 멀미의 기억을, 제주도 화산석에선 시인 오규원과의 젊고 건강했던 갓 40대의 한 시절을, 그리고 멕시코의 뱀 얼룩무늬 돌조각에선 스페인 문학 전공 고혜선 교수와의 환상적인 멕시코만 유람과 쿠바 여행 일화들을, 그리고 다시 80년대 초 이스라엘 사해 해변에서 주워온 붉은색 돌멩이의 짜거운 소금기에선 고우 김현과 함께 때마침 그곳 사막 위에 멀리 떠오른 오색 무지개의 기억을 떠올리곤 하는 식이다.

그 잡석류 돌멩이들에는 그렇듯 그 여행길을 같이한 수많은 얼굴들과 일화들이 깃들어 있는 어엿한 여행록인 것이다. 그리고 내겐 그만큼 뜻깊고 소중한 소장물이 아닐 수 없는 것이다. 요즈음 한 TV 방송국의「진품 명품」이라는 프로그램에 출품되는 옛 서화나 도자기 같은 고가의 명품들을 구경하다보면, 이 돌멩이들은 조심스럽게 숨겨 간직할 일도 없어 더욱 그렇다.

하긴 잊을 수 없는 이의 이름과 추억이 깃든 물건이 하필 그 돌조각뿐이겠는가. 그리고 그게 어찌 하필 나 한 사람만의 일이겠는가. '진품 명품' 급은 물론, 그런 고가품이 아니더라도 책이나 편지, 한 장의 사진 같은 범상한 물건들에나마 잊을 수 없는 얼굴과 추억을 새겨둔 자신만의 귀한 소장품 목록은 누구에게나 흔히 간직되고 있을 것이다. 그 시시한 돌조각 목록 이외에 내게도 물론 다른 소장물 목이 몇 가지 더 있는 게 사실이다. 앞서 든 책이나 서찰, 사진첩 따위는 물론, 흔치 않은 사연이나 일화가 깃든 몇 점의 서화와 목제품, 석제품류, 심지어는 한두 그루 분재류에 이르기까지. 내게는 나름대로 각별한 사연과 뜻이 깃든 것들이되 다른 사람들에겐 한결같이 별 쓸모가 없을 물건이요 사연들일 테지만 말이다.
 그러니 우선은 다른 소리 접어두고 그 돌 이야기부터 좀더 이어나가보기로 하겠다.

첫 인연
— 돌 이야기·2

 돌 이야기를 계속하자면 먼저 한 가지 고백해둘 일이 있다. 나는 앞에서 집 안에 온통 여행길에서 주워온 잡석류뿐인 것처럼 말했지만, 사실은 그런 돌멩이 말고도 제법 수석급에 속할 만한 소품들이 20점쯤 섞여 있다. 내가 여행중에 돌조각을 주워 나르기 시작한 것이 실상은 거기에서 비롯된 것인지도 모르지만, 그러니까 내 작업실 안팎에는 잡석류와 수석급 두 가지 돌 종류의 자갈밭이 함께하고 있는 셈인데, 그 수석급에도 물론 그것을 얻어온 사연(나는 직접 탐석을 한 일이 없으니, 하다못해 술자리를 몇 번씩 마련한 끝에 억지로 빼앗다시피 얻어온 이야기까지)이나 소장 과정에 잡석류 못지 않은 따뜻한 사연과 일화들이 담겨 있음은 물론이다.
 객설 제하고, 내가 그 돌덩이들과 첫 인연을 맺게 된 사연은 내 어쭙잖은 수필문 한 편에서 비롯했다.

　1970년대 중반 어느 해 봄. 그 무렵 한 잡지에 내「산들은 말하지 않는다」라는 짧은 산문이 실리고 나서였다. 하루 저녁엔 전부터 이따금 술자리를 같이해오던 시나리오 작가 나한봉 씨가 일부러 술을 한잔 살테니 근처 주점으로 나오라는 전화를 걸어왔다. 나가보니 그는 "이가가 제법 산을 아는 것 같더구만" 하고 예의 수필을 읽은 척 하며 "그래 오늘 내 기분이 괜찮아 술 한잔 사고, 특별히 산을 닮은 돌도 한 점 가지고 나왔으니 짊어지고 가라"며 자리 밑에 놓아두었던 갈색 산 모양의 돌덩이를 하나 술 탁자 위로 올려놓았다. 하지만 나는 그때까지 전혀 돌에 무지했던 터라 왠지 좀 싱거운 기분으로 그런 걸 내가 왜 무겁게 짊어지고 가느냐 시큰둥해하였다. 그러자 그가 허허 웃으며 나를 공박했다.

　"이가가 산을 제대로 알지도 못하면서 펜끝으로만 글을 썼구만. 이 돌 싫거든 이가가 좋아하는 어느 술집에나 가져다 줘봐라. 아마 그 주인이 이 돌을 알아보면 이가한테 적어도 반년 동안은 공짜 술을 먹으러 다니랄 거다."

　알고 보니 그는 꽤 소문난 탐석가로 좋은 돌을 찾으러 전국 곳곳의 산과 강을 헤매지 않은 곳이 없었고, 그만큼 돌이나 산을 잘 알았다. 그러니 그가 그날 내게 베푼 호의도 특별한 것일 수밖에 없었다. 그의 강권에 못 이겨 결국 집으로 짊어지고 간 그 돌은 경도 8(다이아몬드를 10으로, 보통의 보석류가 대개 8을 넘는댔다) 이상의 단양

자석(紫石:소위 초콜릿 석이라 하여 단양 자석류는 남한강 묵석류와 함께 명석의 으뜸 조건으로 친댔다)이었으니까.

한데 그로부터 몇 년 뒤 1977년 가을의 어느 날이었다. 그는 또 일부러 나를 불러내어 술을 잔뜩 먹인 다음 개발 초기의 강남 지역 자기 집까지 나를 데리고 갔다. 가보니 그의 집엔 특별히 넓은 수석 전시실이 마련되어 있었고, 초심자의 눈에도 명품 급에 속할 만한 수많은 돌들이 가득 들어차 있었다. 그런데 그가 대뜸 그 돌들을 가리키며 내게 말했다.

"이 방 안에 있는 돌 가운데서 어떤 것이든 이가 마음에 드는 걸 하나 골라. 이가가 어떤 놈이든지 손가락질만 해보이면 내 오늘은 아무리 아까운 놈이라도 미련없이 줘 보낼 테니."

뜻밖의 놀라운 소리였다. 아니 나는 진작부터 그가 부러 집까지 나를 데려가 자기 돌방을 보여준 것부터가 뜻밖이었다. 그동안 그는 내게 돌 눈을 띄어주려 기회 있을 때마다 웬만큼한 돌멩이 한 점씩을 들고 나와 건네주며 이런저런 돌 강의를 해온 터였지만, 정작에 자기 집까지 데려가 소장 품목 전체를 내보인 일은 없었기 때문이다. 하물며 지금까진 늘 피교육자 격인 내 성에도 차지 않은 돌들만 건네주며, "자신이 직접 돌을 찾아 헤매보지 않은 이가는 이 돌이 내게 얼마나 귀하고 소중한 것인 줄 몰라. 하지만 내 발로 천지 산하를 헤매어 얻은 돌들은 다 내 자식 한가지야. 그래 탐석꾼들은 아무리 마음을 열고 싶어도 3등석 정도밖엔 내어놓을 수가 없다고. 그런 줄 알고 이거라도 남의 귀한 자식으로 알고 잘 건사하라고" 하는 식으로 짐짓 인색을 떨곤 하던 위인이었다. 그러니 사람을 집으로 데려가 자신의 소장물을 몽땅 다 내보이며 아무 돌이나 마음에 드는 걸 한 점 고르라는 그의 돌연스런 선심이 의아스럽기까지 하였다.

나는 위인에게 무슨 꿍심이 숨어 있는 것만 같아 그의 호의를 쉽게 받아들일 수가 없었다. 그의 호의를 받아들인다 해도 그 많은 돌들 중에 어느 것이 적당할지 마음을 정하기도 어려우려니와, 턱없이 대작을 겨냥하여 욕심을 부리고 들었다간, 그의 약속대로 돌은 얻어 가더라도 내 어두운 마음 속의 탐욕을 들킬 것이 저어되기도 해서였다. 그래 나는 일단 한번 어쭙잖이 사양을 하는 척해보았다.

"돌이라면 나도 이젠 섣부른 욕심을 드러내지 않을 정도는 되는데, 웬 흉계로다가?"

하니까 그가 다시 딴전을 피우듯이 다그치고 들었다.

"고르라면 어서 고르기나 해. 그 돌 이번엔 이가한테 주는 게 아니라, 이가 어머니한테 드리려는 거니까.

나는 더욱 그 말뜻이 아리송하여 다시 묻지 않을 수 없었다.

"우리 노인네한텐 왜?"

그리고 그가 비로소 본심을 말하였다.

"이번에 「눈길」이란 작품을 읽어보니, 지금까진 이가가 소설을 써 온 줄 알았더니 사실은 이가 어머니가 뒤에서 아들 손을 빌어 쓰셨더구만. 그래 그 노인네한테 내 귀한 돌을 한 점 드리고 싶다는 거야."

그 무렵 내 유년 시절의 노친네와의 일을 쓴 단편소설 이야기였다. 그리고 그게 어쩌면 내가 그 돌들, 보잘것없는 잡석 자갈덩이들에게까지 유심하게 된 계기였던 듯싶다. 그의 마음씀은 다만 거기에 그친 것이 아니라 진정 돌멩이들의 말과 세상 사물을 사랑하는 사람의 모습이 엿보였기 때문이다.

나는 그날 사실 별 욕심 부리지 않고 중간급 돌을 한 점 골랐고 (그 돌은 20여 년의 세월이 흐른 지금도 소중하게 잘 간직하고 있다), 진심인지 과장인지 그는 참으로 마땅한 놈을 고랐다며 나를 추켜세우는 척하기에, 내가 짐짓 "이걸 골라 가도 마음이 정말 쓰리지 않겠느냐" 물었더니 그의 대꾸가 이런 식이었으니까.

"이젠 나도 돌에 늙었어. 그래 요즘엔 저 놈들을 원래 제가 있던 자리에 다시 가져다 두고 싶어지는구먼. 아직은 그러질 못해 마음의 무게나 좀 덜어 보려 이가나 다른 사람들에게 더러 한 조각씩 나눠 주곤 해온 참인데, 그 노친네야말로 좋이 이놈들 중 한 놈을 되돌려 놓아둘 만한 자리였거든."

중동 건설 붐과 사해의 염석鹽石
— 돌 이야기 · 3

　1981년 가을, 난생 처음으로 나는 비행기를 타고 해외여행이라는 것을 나섰다. 이미 작고한 동로 오학영 씨를 인솔자로 역시 10여 년 뒤 타계한 고우 김현 형들과 함께 서울을 출발하여 인도와 요르단, 그리스를 거쳐 프랑스 파리를 돌아오는 단체 여행길이었다.
　그 여행길을 나서기까지엔 나름대로 사연이 있었다. 나는 애초 그 여행을 탐탁하게 여기지 않았다. 여행의 목적은 물론 한국 문학의 해외 선양과 물심양면으로 궁색한 우리 문인들의 식견 넓히기에 있었으리라 짐작된다. 하지만 한 문학 관련 단체가 주관하고 이후 몇 년 간 전 문단에 걸쳐 시행된 그 프로그램의 배후엔 정부 관련 부처의 관심과 도움이 뒷받침되고 있어, 정통성이 허약한 당시의 정권과 어수선한 사회 상황에 비추어 아무래도 썩 화창하지 못한 권력층의 선심성 같은 것이 느껴졌기 때문이다. 게다가 나는 워낙 주위가 티격태격 엇갈리는 단체 여행길을 쫓아다니기 싫어하는 성미인 데다 건강까지 부실하여 그렇듯 긴 외국 여행을 선뜻 따라나서고 싶은 생각이 안 났다.

그런데 그 무렵 어느 날 그런 내 내심을 들은 김현(그 여행 계획은 이미 같은 시기에 함께 동행할 조별 인원이 결정되어 있었고, 김현은 나와 같은 출발 조였다)이 엉뚱한 협박을 해왔다.

"그래? 네놈 안 가면 나도 안 가는 거지 뭐. 난 이미 다녀온 곳이 많지만, 이번에 네가 간다길래 함께 따라가보려 했더니!"

"내가 안 가는데 귀하까지 왜?"

그의 결연한 말투에 내가 되물으니 위인의 설명이 나로선 더욱 뜻밖이었다.

"내가 지금까지 네놈 글은 좀 아는 척해왔지만, 네 본바탕이나 엉큼한 속내는 대강밖에 별로 아는 게 없었잖아. 그래 이번 길을 함께 하면서 네놈이 어떤 인간 족속인지 곁에서 좀 살펴볼 참이었지. 그런데 네가 안 간다면 나도 뭐……."

결국 그렇게 해서 그와 함께 떠난 길이었다. 그는 무엇보다 불문학 전공에 파리 생활의 경험이 있어 그와 함께라면 프랑스 한 곳이라도 제대로 구경할 수 있을 듯 싶었던 때문이기도 했다.

하지만 그가 그 여행길에서 내게 무엇을 보고 무엇을 알아냈는지는 지금도 알 수가 없다. 인도의 광활한 들판을 지나면서 그 높다란 성곽과 탑들을 바라보며 왜 사람들이 저런 거대한 건축물을 쌓아야 했는지, 고도古都 아그라 길의 '도깨비 도시'와 '타지마할'을 둘러보며 권력의 영광과 폭력성에 대해 우리가 그것을 어떻게 이해해야 할 것인지, 그리고 그리스와 파리에서 겪은 모종 '보이지 않는 수모' 속에 국제사회에서의 우리 정치 상황과 문학의 위상을 어떻게 설명해야 할지 등등의 이야기를 주고받은 기억들은 아직껏 머릿속에 생생하다. 하지만 나는 그가 그때 그런 이야기들을 어떻게 받아들였는지, 다른 곳에서라도 내게 무엇을 보고 읽을 수 있었는지에 대해 이후 한 번도 물은 일이 없었고, 어디에 그것을 쓴 일도 없었다. 사람들은 흔히 여행이 끝나면 뒤이어 여행기를 남기지만(더러는 우리 식탐이나 노탐, 건강탐 못지않게 여행 글감 자료를 위해 어느 한 곳 빠짐없이 부지런히 쫓아다니며 이것저것 꼼꼼히 묻고 적고 사진을 찍어대는 기행록탐, 증명사진탐 같은 것도 머리를 아프게 할 때가 많다), 나는 그때 바깥 여행에서 바깥세상을 본다기보다, 그 바깥세상에 겹쳐진 내 자신과 우리 모습이 너무 씁쓸해 보였기 때문이다. 그것을 볼 수 있었으면 나는 그 여행을 만족할 수 있었고, 그것을 새기고 기억할 만한 돌멩이 한 조각이면 그만이었기 때문이다. 더욱이 내가 그의 전정前程의 안목을 빌리고자 했던 마지막 도착지 파리에서의 김현은 저 몽마르트 언덕 인근의 창녀거리 삐갈 호텔에서의 '씁쓸한 일화'를 끝으로 서울 출발 때까지 자기 혼자 나돌았으니까.

내가 자신을 보고 우리 모습을 떠올리지 않을 수 없었던 그 사해死海의 돌멩이는 그러니까 내가 원래 목적하고 떠난 파리에서가 아니라 당시 중동 건설 붐이 한창이던 요르단 바닷가에서 얻은 것이었다.

그 여행 일정 중 어느 일요일, 우리가 인도를 거쳐 두 번째 방문지인 중동의 요르단 지역에 도착하여 현지에 진출중인 우리 건설업체의 토목공사 현장을 찾았을 때였다. 그 건설업체는 한 황폐한 사막지역 골짜기에 큰 댐을 막아 농토로 개간하는 공정을 반 이상 진척시켜가고 있었는데, 휴일임에도 불구하고 우리 근로자들이 많이 나와 관개작업을 진행하고 있는 둑 아래 계곡에는 이미 올리브나 포도 같은 과수 농작물들이 푸르게 우거져가고 있었다. 우리는 그 공사 규모와 푸른 개간지, 그리고 우리 근로자들의 숨은 노고와 근면성에 같은 민족으로서의 뿌듯한 자부심과 자랑스러움을 금할 수 없었음이 물론이다. 그리고 그런 흐뭇한 기분 속에 우리는 현장 가설식당으로 들어가 앉아 건설사가 미리 준비한 양 불고기에 술잔까지 곁들인 푸짐한 점심을 먹으며 역시 그 불굴의 민족정신과 우리 문학의 임무에 대해 썩 도도한 담론을 나누었던 것으로 기억한다.

그렇게 한 시간쯤 지나고서였다. 나는 술기가 어지간해진 데다 이야기들이 너무 길어진 듯싶어 잠시 바깥바람을 쐬러 나와보니, 그새 아래쪽 계곡 관개작업에 매달려 있던 일꾼들이 돌아와 식당 마당 여기저기에 우두커니 무언가를 기다리고 앉아 있었다. 알고 보니 이들이 그날처럼 일당도 없는 휴일에 일을 나오는 것은 부질없는 외출로 귀중한 임금의 낭비를 줄일 수 있을 뿐 아니라, 휴일 작업에는 품삯이 없는 대신 푸짐한 양 불고기 점심을 제공받게 되어 있어 절약과 수입관리상 유익하기 때문이랬다. 나는 비로소 좀 제정신이 드는 것 같았다. 그리고 우리를 안내해온 건설사의 책임자가 조금 전 옆자리에서 귀띔해온 탄식기 섞인 소리가 새삼 귀청을 울려왔다.

"공사 규모는 크지만 우리는 실상 땀만 많이 흘리지 잇속은 일본 기술자들이 다 가져가는 꼴이에요. 진짜 이권은 댐 설계나 공사장비 같은 기술 부문에 있는데, 그런 건 다 일본 쪽에서 제공하고 우리는 그저 몸 품만 파는 격이거든요. 우리도 하루빨리 고급 기술이나 장비가 개발되어야 할 텐데 지금으로선 참 아득해 보이네요."

"여기 진출해 있는 사업체들 가운덴 아랍 사람들이 오르내리는 동네 골목 돌계단 길을 쓸어주는 일을 맡아하는 곳도 있어요. 아무 일 하지 않고 석유만 팔아 즐기러 다니는 이곳 사람들 흰 옷자락 아래 우리는 석유가 안 나오는 죄로 그 발길의 먼지를 털어주고 먹고 사는 처지 꼴이지요."

그 말의 사실 여부나 옳고 그름을 떠나(그리고 이후 우리의 기술과 장비의 개발이 어떻게 되었는지에 상관없이) 우리는 이를테면 그런 우리 근로자들의 점심을 빼앗아 먹은 격이었다. 뿐만 아니라 그렇게 말없이 자기 점심 차례를 기다리고 있는 일꾼들 사이에는 우리가 이미 거쳐온 인도 출신의 나어린 형제까지 함께 섞여 앉아 있었다. 나는 곧 식당 문 앞으로 다가가 허물없는 김현과 조해일 형을 조용히 불러냈다. 그리고 저간의 사정을 간단히 설명해주고 나서 두 사람에게 눈짓으로 고국의 문인들을 위해 자신들의 점심 차례를 말없이 기다려주고 있는 일꾼들 쪽을 가리켜 보였다.

두 사람은 물론 다시 식당으로 가지 않았다. 하지만 물색을 모르는 다른 식당 안 손님들은 거기서도 한동안 한가한 고준담론이 계속될 뿐 좀처럼 자리를 일어서 나오려는 기색이 없었다. 그리고 그래저래 민망한 생각이 들었던지, 바깥에서 함께 시간을 기다리며 서성대던 조해일 형이 예의 그 인도 물색의 아이 형제 중 열 살이 채 될까말까한 동생아이 곁으로 다가갔다. 그리고 이것저것 서툰 영어로 몇 마디 말을 시켜보다간, 그 아이의 먼 고국인 인도를 떠나면서 미처 다 쓰지 못하고 지녀온 작은 액면의 지폐 한 장을 건네주었다. 아, 그런데 그때 쭈뼛쭈뼛 부끄러운 표정 속에 그 지폐를 받아들고 한쪽에서 기다리는 열서너 살짜리 형아이에게로 달려가 그것을 건네주며 의기양양 자랑스러워하는 그 아이의 티없는 모습과, 말없이 그것을 받아 제 주머니에 대신 소중하게 간직하는 형아이의 의젓하면서도 애틋한 눈빛이라니!

중동 건설 붐과 우리 근로자들의 오일달러벌이 신화의 실상은 그 순간부터 내게 그 어린 형제의 모습과 점심 끼니의 일화 속에 있어왔고, 이후 그 요르단 여행길의 기억은 그 철부지 어린 형제를 포함해 무보수 휴일 일 몫의 점심 끼니를 기다리는 우리 근로자들의 모습으로 남아 있을 수밖에 없었다.

　사해의 염석은 그날 오후에 얻은 것이었고, 그래서 그 돌에는 당연히 그 토목공사장의 사연이 깊이 새겨질 수밖에 없었다. 하지만 그것은 그 공사장에서가 아니라 사해의 한 바닷가에서의 일이었다.
　점심을 끝내고 나서 우리는 다시 그 바닷가에 함께 있었다. 어떻게 해서 그리 됐는지 지금은 기억이 없지만, 역시 김현과 조해일 형과 나, 그렇게 세 사람이서였다. 다른 일행들은 아마 근처 어디 좋은 데를 쫓아가고, 걸핏하면 그냥 숙소에 떨어져 남아 뒹굴거나 중간 지점쯤에서 일행을 기다리곤 하던 세 사람의 게으름 탓이 아니었나 싶다. 그런데 때마침 한차례 소나기가 스치고 지나간 그 요르단 쪽 사해 하늘 위에 영롱한 무지개가 떠올랐다. 그리고 우리가 사막 한가운데에서 무슨 큰 행운이라도 붙잡은 듯 그 무지개와 철갑을 뒤집어쓴 듯 무겁게 뒤척이는 사해의 잿빛 물결을 배경으로 한 장의 사진을 찍고 나서였다. 조해일 형이 어정어정 혼자 물가로 걸어가더니 돌멩이 서너 개를 주워와 김현과 내게 하나씩 나눠주며 말했다.
　"사진도 사진이지만, 이 돌멩이로 저 무지개와 사해를 기억하라구요. 돌에 짠 소금기가 배어 있어 혀를 대어보면 금세 오늘 이 자리가 떠오를 테니까요."
　나는 좀 뜻밖이었다. 조 형도 돌멩이로 대신 여행기를 쓰는 사람이었구나(조 형은 이후 파리 여정 중 베르사이유궁 후원의 마로니에

숲 속에서도 돌조각 하나를 주워 담는 것을 보았다)······. 강철빛 짜거운 물결과 무지개의 사연을 담은 붉은 색깔의 사해 돌맹이. 나는 이전부터 국내 여행에서 더러 그런 버릇이 있었지만, 나라 밖 여행길에서까지 그래 보기는 그것이 처음이었다. 그리고 그때 그 사해 돌맹이는 내 국외 여행기의 첫 페이지가 된 셈이다.

하지만 그것도 어언 20년 저쪽의 일이다. 그리고 그간 김현과 오학영 형은 이미 저세상으로 갔고, 사진에서는 무지갯빛이 부옇게 멀어지다 어느새 자취조차 사라지고 말았다. 돌맹이의 짠맛도 이제는 거의 흔적을 찾을 수가 없다. 그래 그런지 그 돌맹이에서는 이제 조해일 형의 희망과는 달리 그 무지개와 사해의 기억 대신 우리 근로자들이 휴일을 바쳐 산 양 불고기 점심차림, 식당 밖에 말없이 자신들의 차례를 기다리던 얼굴들이 더욱 생생하게 떠오른다. 아마도 그 인도 어린 형제의 애틋한 기억 때문인지 모른다. 아니면 이튿날 다시 겪은 한 아랍 모자의 하염없는 영상이 거기 다시 덧씌워 새겨진 탓인지도.

이튿날 나는 요르단의 수도 암만에서 좋이 세 시간쯤 달려간 사막 유적 '페트라'의 한 돌산 중턱에 혼자 앉아 있었다. 사막의 붉은 바위틈에 남겨진 거대한 자연 요새를 대충 한번 둘러보고 일행과 혼자 떨어져서였다. 그 메마른 바위산 중턱쯤에 남루한 차림의 아랍인 모자가 서너 마리 양을 풀어놓고 한가하게 앉아 있는 모습이 눈길을 끌었기 때문이다. 가시덤불처럼 말라비틀어진 사막 풀을 뜯고 있는 서너 마리 야윈 양 새끼들, 모자의 유일한 생계책이자 전재산일시 분명한 그 양새끼들을 하염없이 바라보고 앉아 있는 검고 남루한 늙은이(?), 그 따가운 햇볕과 바위산과 무심스럽기만한 푸른 하늘 아래 한 마리 벌레처럼 혼자서 흙장난을 치고 있는 철부지 어린 아들, 그들은 내가 산을 올라오는데도 아무 경계의 빛이 없었다. 나는 그들을 향해 그저 무해한 웃음을 띠어 보였고, 두 사람은 그러는 나를 가만히 지켜볼 뿐이었다. 그리고 그런 식으로 나는 그 모자와 2, 3미터 거리에서 서로 바윗돌에 몸을 기대다시피 하고서 반시간 가량 뜸뜸이 말없는 눈말을 나누었다. 하지만 말이 통한들 내가 그들에게 무슨 말을 할 수 있었을 것인가. 나는 지금 그 때 내가 건넨 그 눈속말의 기억조차 기억할 수가 없다.

"아, 이 황량한 산야에서 당신들은 과연 저 푸른 하늘에밖에 당신들의 삶의 소망을 빌 수가 없었겠구려. 당신의 알라신에게밖에 이승의 삶을 의지할 수가 없었겠소 그려."

"이 메마른 땅을 보면 당신들의 제의가 우물물을 그렇듯 신성시하는 이유를 알 것 같소. 신앙이란 원래 자연환경과 생활에서 태어나는 것이니까. 당신들 백성 중에는 이런 땅에서 석유가 쏟아져나온 덕에 우리 백성들이 길을 쓸어주는 호사를 누리는 사람도 있다지만 말이오."

이런 소리들은 물론 이후에 당시를 돌이키며 내가 떠올린 상념들일 뿐이다. 그때는 그저 그 여자의 가난하면서도 선량한 눈빛이 어째서 그토록 서럽기만 했던지. 그리고 그 철부지 어린 아들아이가 어릴 적 내 모습이듯 어찌 그리 막막하고 하염없기만 했던지. 그때 그 하얀 돌산 너머로 무심히 비껴 흐르던 하늘의 푸르름까지도 그렇 듯 아득하고 절망스럽기만 했던 기억…….

   내 사해의 돌맹이에는 이제 그런 기억들만 새겨져 남아 있게 된 셈이다. 이윽고 내가 몸을 일으켜 일행이 있는 곳을 향해 발길을 내디딜 때 그간 잠시 가까이 열렸던 듯싶던 그녀의 검은 눈길이 어슴푸레한 작별의 미소와 함께 다시 아득히 멀어져가던 적막한 기억과 함께. 그리고 무엇보다 전날의 그 댐 공사장의 인도 소년이나 우리 근로자들의 서러운 땀냄새와 함께.

독도와 화산석
— 돌 이야기·4

　여행길을 함께 하다보면 사흘 안에 싸우지 않는 사람이 드물다는 말이 있다. 긴 시간을 같이 지내다보면 서로간에 제 성품이 드러나고 그것이 맞부딪치기 쉽다는 소리겠다.
　1982년 6월. 나는 비슷한 연배의 문우 홍성원과 김병익, 김원일 형들과 포항에서 울릉도로 독도까지 4, 5일에 걸친 긴 뱃길 여행을 함께 하고 온 일이 있었다. 나이가 나이인만큼 우리는 그 여행중에 싸움을 맞붙은 일은 없었지만, 각자의 성격과 행태가 제대로 드러나게 된 것은 어쩔 수 없었다. 그것은 울릉도에 도착하여 독도 뱃길 출발서부터 그랬다. 그 여행 일정은 조선조 말기 조부 때부터 공도空島 정책에 묶여 있던 울릉도로 들어가 섬을 개척하고, 자신은 8·15해방과 6·25를 거치면서 민간인 신분으로 독도수비대를 조직하여 우리 국토의 동단 영토를 지켜온 홍순칠(?) 씨의 주선에 의한 것으로, 독도행 뱃길에는 뭍에서부터 함께 떠나온 일행이 20여 명이나 되었다. 그런데 하필 눈보라가 몰아치고 파도가 드높은데도 이까짓 바람이나 날씨쯤 아무 문제없다며 기어코 뱃길을 나서려는 홍순칠 씨의 장담을 어쩌지 못해 부두까지 따라나가 보니, 우리를 태워 갈 선박이라는 게 고작 30톤 남짓한 오징어 채낚이배였다. 게다가 그 배로 독도까지 왕복은 가는 데 일곱 시간, 오는 데에 일곱 시간 하여 장장 열네 시간이 걸린다는 것이었다. 그러자 매사 마음눈 밝고 남 앞서 상황판단을 잘 내리는 홍성원이 당장 선언을 하고 나섰다.

"난 안 가!"

그리고 은근히 겁이 나면서도 여기까지 따라와서 어쩌나 어정쩡하니 주변 분위기를 살피고 있는 다른 셋을 향해 그는 먼저 과감하게 발길을 돌이키며 소리쳐댔다.

"이런 날씨에 저런 배론 모두 죽어! 동해 바다 물귀신 되고 싶으면 너흰 따라가!"

그러니 그 홍성원 형의 도저한 주체성(!)은 홍순칠 씨의 막무가내식 배짱도 당할 수가 없었을밖에. 그리고 다행히 그날의 뱃길은 결국 홍 형의 단언처럼 해안초소의 통제로 취소되고 말았지만, 이튿날 넷이 함께 다시 배를 타고서도 바다낚시질에 이력이 붙은 홍성원의 부지런한 성품과, 서투른 일엔 그저 덤덤히 묵언도사풍으로 일관하는 김병익, 김원일 형의 형색이 확연하게 대비됐다. 홍보기식으로 말하면 그 무뚝뚝한 표정이나 말투에도 은근히 자상한 데가 있는 홍형은 뱃길이 울릉도를 벗어날 때부터 저것이 성인봉이다, 저것이 돌고래 떼다, 이것저것 소리쳐 가르쳐 주고, 멀미를 안 하려면 여기 앉아라 저기 앉아라 과보호 걱정을 해주고 돌아가는 데 반하여, 초장부터 멀미기가 난 김병익과 김원일은 돌고래고 뭐고 어느새 얼굴빛이 하얗게 변한 채 시종 고물 뱃전에 등을 꼬직이 기대고 앉아 두 눈만 멀뚱멀뚱 꼼짝 안 하고 버티기만 했으니까. 하긴 그 홍성원도 시간이 지나면선 차츰 말수나 움직임이 줄어들고, 끝내는 그 역시 얼굴색이 변하며 출렁임이 덜하는 뱃바닥 신세를 지곤 하는 눈치였지만. 그래 그런 우리들을 보고 일행을 이끌어가던 홍순칠 씨가 무어라 비소 투의 악을 써댔던가.

"머라! 멀미기를 어째 주라꼬? 그냥 내삐리 두거라. 뱃멀미 좀 한다고 사람이 죽는 일은 없다. 정 무신 약이 필요하다면 '간첩선이다!'고 한 마디만 외쳐주거라. 멀미한다는 사람들이 제일 먼저 정신을 번쩍 차리고 날뛸 기다!"

먼 수평선 위로 희미한 독도의 모습이 환영처럼 희미하게 떠오르기 시작한 것은 우리 배가 너댓 시간쯤 바닷길을 달리고부터였을 것이다. 그리고 그때부터 우리(병익이든 원일이든 홍성원이든)는 두어 시간 동안 그것이 완연한 청자 찻주전자 형상으로 변했다가 다시 동서 두 개의 온전한 섬의 모습을 이루어 눈앞으로 다가들 때까지 내내 별 말들이 없었던 듯싶다. 그리고 마침내 섬으로 올라가 두어 시간쯤 머물고 다시 울릉도로 돌아왔을 때에는 나는(또는 우리가) 그 섬을 실제로 보고 온 것인지 아닌지, 그 섬이 정말 거기 있었던지 어쨌는지 모습이 아득했다. 그도 그럴 것이 섬을 들어갈 때와는 반대로 돌아올 때는 섬이 다시 시야에서 사라지기까지 두어 시간 동안 하염없이 멀어져가는 그 독도가 모든 것을 다시 거두어 가는 것 같았고, 우리는 거기서 보고들은 모든 것을 그대로 고스란히 되돌려주고 돌아가는 것 같았으니까. 어쩌면 왠지 그래야만 할 것 같았으니까. 그래 언젠가 문인들의 독도 방문단이 조직되고, 그 섬 이야기가 문학적 소재로 활발히 거론되었을 때도 나는 그게 좀체 실감이 나지 않았었는지 모른다.

하지만 내겐 다행히 내가 그 섬을 다녀온 분명한 증거가 남아 있다. 그 섬에서 주워 지녀온 구멍이 뻥뻥 뚫린 자줏빛 화산석 조각 하나와 그곳 토질을 읽을 수 있는 마사석 한 조각이 그것이다. 그리고 그 돌조각들을 들춰볼 때마다 그 섬은 내게로 다가오고, 아직도 그 섬의 현장으로 남아준다. 홍순칠 씨(먼 바닷바람결에 그분의 타계 소식을 들은 지도 어언 스무 성상에 가깝다)와 그 문우들과의 여행길 후일담도 물론 그 돌조각들에 새겨져 온 격이다. 그에 비하면 그날 섬에서 함께 찍은 우리 네 사람의 사진 한 장은 오히려 비현실적 환상처럼 느껴지기도 한다.

관매도 뱃길과 거대 남근석
— 돌 이야기 · 5

섬 뱃길 이야기를 하다보면 뒤따라 떠오르는 것이 진도 앞바다의 관매도觀梅島 항로다.

앞서의 김병익이나 김원일 형(김치수, 김주연, 정문길, 오생근 제씨도 함께였다)과는 이후 다시 1993년 늦봄녘 장흥과 강진, 해남, 완도 등 남해안역을 함께 돌아온 일이 있었다. 그런데 그 여행중 완도읍에서 보길도로 들어갔다 다시 해남의 땅끝으로 나오는 왕복 뱃길 내내 김병익과 김원일은 그 수려한 해안 경관은 외면한 채 선실 안에서 웬 휴대용 바둑판 앞에만 붙어앉아(둘이는 서로 아마 9단쯤 되는 폼을 잡고서) 있었다.

"그럴려건 뱃길은 왜 나서!"

여행에서 돌아온 내가 짐짓 흉허물을 하는 소리에, 그 여행에서

빠진 홍성원과 서우석(서울대 음대) 형이 거드는 척 나를 부추기고 나섰다.

"알 만해. 그러니 이 담에 그런 자들 빼놓고 우리끼리 다시 한 번 가자구. 바로 날짜를 잡아서 자네가 앞장을 서!"

그렇다고 물론 한 번 다녀온 곳을 바로 다시 갈 수는 없었지만, 그게 마음의 빚을 만드는 계기가 되어 결국 5년쯤이 지난 1998년 초가을 그 두 사람에 김형영 형까지 네 사람이 다시 남행길을 나섰다. 그리고 이번에는 장흥과 해남을 거쳐 전번과는 조금 방향을 바꿔 보길도 대신 진도 쪽으로 들어갔다. 진도에는 수륙을 가르는 울돌목(해남과 진도 간의 명량해협) 조류의 장관이나 허소치의 운림산방雲林山房, 벽파진碧波津, 남도석성南桃石城 등 돌아볼 만한 유물유적지도 많으려니와 관매도를 위시한 해상국립공원의 조석 경관이 특히 절경이기 때문이었다.

하여 우리는 섬 해변 여관에서 하룻밤을 자고 이튿날 새벽 서둘러 눈을 비비고 일어나 일군의 바닷돌 탐석꾼들과 함께 그 여명에 싸인 해상공원을 가로질러 관매도까지 배를 달려나갔다. 그리고 이미 그 절경에 넋이 빠진 채 탐석꾼들을 따라 섬에 올라 몇 점의 갯돌멩이를 주워 들고(홍성원은 돌을 줍지 않고 낚시 장구를 챙겨와 낚시질에만 열중했다. 그야 그가 이날 망둥이 한 마리라도 걸어올리는 것을 못 봤지만) 한나절 만에 다시 뱃길을 되짚어 나왔다. 하지만 그 섬 뱃길의 숨 막힐 듯한 경관이나 드센 서기를 내뿜으며 하늘로 힘

차게 치솟아오른 이 해역의 희한한 명물 해상 남근암(男根岩 : '방아바위'라 부른단다 더욱 그럴듯하다)의 도저한 위세 앞에 더 무슨 사설이 필요하며, 한낱 그 돌멩이 조각 따위가 무슨 소용이랴. 내겐 차라리 어쭙잖은 시 흉내질이라도 한번 내어봄직한 엉뚱한 충동까지 일 정도였으니, 그러니 그날 주워온 돌멩이들은 뒷날 이따금 혼자서 그 흉내 시를 들춰보며 제물에 쓴웃음이나 짓게 하는 물목이랄까.

　　관매도 뱃길

　　저 강원도 첩첩산골낼 빙어 새끼처럼 창새기를 훤히 드러낸 여명의 새벽달을 보았지.
　　거뭇거뭇 새 떼 같은 상하조도 뱃길 따라 마알간 수반석으로 빛나기 시작한 섬들을 보았지.
　　백야도 병풍도 주도 대마도 관매도들을 차례로 다 보았지.
　　그리고 바다를 보았지. 달도 보고 하늘도 보고 섬도 보고 물결도 보고, 참기름 접시등잔 불빛에 조상 귀신을 보듯이 새도 보고 구름도 보고 바람도 보고, 그 너머 저승세상까지 보았지. 이승과 저승을 함께 보았지.

끔찍하더구만. 소름이 끼치더구만!

율律자는 본시 음악적 감응의 상형이라. 음률사 서우석은 제 속의 전율을 혼자 참느라 말을 잃은 상판이고, '내가 여태 무얼 보고 다녔지?' 여행탐 많고 아는 것 많은 만물박사 홍성원은 제 지난날 탐승 여행력이 허망하고 억울하여 이 승경 선행담으로 누구 기를 죽여줄까 고심하는 안색이고, 나는 이제 바다 경관은 졸업이다! 맥을 놓고 있는 판인데, 시장이 김형영은 혼자 고개를 떨어뜨리고 실없이 킬킬대는지라 내가 곡절을 물었지. "왜, 날아가는 새벽 갈매기 뭐 봤어?"

　하긴 그럴 리가 없었지. "미당未堂 선생이 이 비경을 못 보고 가실 일이 슬퍼져서라고요." 짠물보라를 뒤집어쓰며 위인이 악을 써대는데, "괜찮아, 당신은 이런 선경이 있는 줄도 모르고 가실 테니." 내가 위로 삼아 덧붙인 소리에 그가 다시 낄낄거리며 씨부려댄 후렴왈, "그러니 더 슬픈 일 아닌 게뵤. 이곳을 못 보고도 당신은 말짱 지상 절경을 다 보고 가는 줄 아실 테니 말여!"

　아, 그런데 조물주님도 짓궂으시지.

　우리를 이 아침바다로 끌어낸 섬 터주대감 이상은이 느닷없이, 좆바우다! 저기 봐라, 세계에서 제일 큰 좆바우다! 외치는 소리에 일제히 위인의 손짓을 좇아 바라보다 으악! 세상천지간에 저런 이변이! 조물주가 태토 한덩이를 주물럭 두둥실 솔섬을 대반 삼아 거대한 양석을 빚어 올려놓았으되, 그 우람하고 힘찬 솟구침과 양양한 서기가 우지끈 등룡뇌성을 내뿜으며 하늘을 찌르더라, 이런 말씀!

그런데 섬에만 가면 나는 어찌 그렇듯 자꾸 주책이 없어지는 것인지 모르겠다. 이후 2000년 이른 봄 나는 소설 취재 일로 제주도엘 건너갔다 다시 그 알량한 시 흉내 낙서를 남긴 일이 있는데, 서귀포 앞바다 범섬 대안의 현주하 시인님 댁 객실에서 파도소리에 묻혀 하룻밤을 지내고 난 이튿날 이른 아침 일이었다. 내친김에 염치없이 여기 다시 기억을 더듬어 적어보면 이런 식이었다.

범섬의 아침

밤새
달 켜 놓고
천지간을 씻기고 씻기더니
누리에 새 아침 열어오는
범섬 연꽃 바다.

역사를 품은 돌
―돌 이야기 · 6

　어느 해 여름, 남해안 고향마을(장흥군 회진면)로 어머니를 뵈러 갔더니, 큰댁 형수님이 뒤꼍 우물가에 웬 돌멩이 하나를 옮겨다놓고 있었다.
　"아제가 늘 요상스런 돌멩이를 좋아하는 것 같길래 저 바닷가 뻘 구덩이 속에서 죽고살고 파 이어다 놓았으니 쓸만한지 한번 살펴보시요이."
　펌프물을 퍼 올려 두꺼운 뻘 땟국을 씻어내고 보니 구멍이 숭숭 뚫린 가시복 형상의 제주도 화산석이었다.
　"제주도 화산석이 어떻게 이 남해안까지 흘러왔나?" 그 먼 거리를 조수를 타고 왔을 리도 없었고, 일부러 누가 거기까지 짊어져다 버렸을 리도 없었다. 나는 신기하기 그지없으면서 내력을 알 수 없었다.

그러다 몇 년 뒤 강진만으로 흘러드는 탐진강 어귀의 장어구이 집엘 갔다가 비로소 그 까닭을 알게 됐다. 은어 서식지로 유명한 장흥 지역 상류에서부터 강진만으로 흘러드는 탐진강[耽津江]은 원래 제주도[耽羅] 뱃길이 육지에 처음 닿는 곳[津]이라는 데에서 유래한 이름. 그런데 제주 배가 육지에서 무거운 곡물 따윌 실어갈 때는 하중이 아래쪽에 있어 항해가 안정적이지만, 제주 토질에 생산이 어려운 옹기류나 볏짚단 같은 것을 구해 싣고 갈 때는 거친 풍랑에 배가 많이 기우뚱거려 뱃길이 위험했다. 그래 제주 장삿배들이 섬을 나설 때면 그곳에 흔한 화산석을 곁다리로 선창 밑에 싣고 왔다가 강진 지역의 옹기나 볏짚단을 싣고 가면서는 그 돌덩이들 무게로 항해의 안정을 기했고, 제 무게가 충분한 곡물류를 실어갈 때는 자연 그 돌멩이들을 뭍에 버리고 가게 마련이었다. 강진만 일대엔 그래서 제주 화산석이 많았고, 그 한 덩이가 장흥 큰댁 쪽 바닷가까지 흘러든 것이었다.

돌들 가운데엔 그 자체의 생성과 흘러온 세월이 그런 것이지만 그 지구사적 의미 말고도 그렇듯 우리 인간사와 개인적 삶의 곡절들을 새겨 담고 있는 경우가 적지 않다. 그리고 그 유심[幽深]한 지구사적 의의와 함께 거기에 덧새겨진 우리 인간살이 역사나 혹은 개인적 사연들로 하여 더욱 소중스러워진 돌들이 있을 수 있다.

수석[壽石]으로선 별 볼품이 없지만 내게도 그런 돌이 몇 덩이 간직되고 있는데, 이를테면 젊은 시절 아프리카 토목공사장 근무를 하고 돌아온 한 친구에게서 얻은 리비아의 나무화석과 사하라 사막의 불가사리 화석에서는 그 지역의 옛 지구사와 함께 힘겨운 해외공사로 우리 경제력을 일구어온 6, 70년대 도전사와 리비아 사막의 엄청난 대수로 역사役事 풍진을, 전도유망하던 육군 소령 처지에서 하루아침 졸지에 이등병으로 강등·예편된 뒤 천지간에 종적을 알 수 없다가 꼬박 십 년 만에 나타나 그간의 사연을 대신해 건네준 강원도 정선 탄광산 삼엽충 화석에서는 이후 장장 2억 년을 헤아리는 우리 조상 동물의 진화 과정은 물론, 그의 말 못할 고초의 신음 소리와 함께 저 70년대의 우리 군사문화와 정치사의 부조리를 아프게 되새기게 된다. 후자의 경우에는 특히 우리가 잘 아는 저 유신시대의 군부 하극상 사건 때 '줄을 잘못 섰다가' 무고한 희생양으로 심한 난경을 겪고 나온 뒤 못 믿을 세상이 하도 무섭고 막막하여 그 탄광촌으로 들어가 십 년을 숨어 지내고 나온 친구의 가슴 아픈 인생역정이 담긴 돌이고 보니 그에 대한 감회가 유독 각별할 수밖에 없는 것이다.

그밖에도 서울의 한 이웃 친지로부터 얻은 검정 화강석 다듬이돌에 새겨진 벌, 나비와 창포꽃 인동초들의 음각무늬들에선 옛 석공의 소박한 마음씨와 함께 황량한 서울살이 속에서도 두고두고 지울 수 없는 이웃 정분을 되새길 수 있고, 20대 시절의 조카아이가 군에서 제대하고 나올 때 한 동해안 산록에서 야전훈련중에 주워 간직했노라며 제 사회복귀 기념선물로 전하고 간 두 개의 돌화살촉에서는 제

숙부인 내가 무엇을 좋아하는지를 명념해준 고마움과 함께, 오랜 옛날 백두대간을 내달리던 우리 조상의 호쾌한 기상을 오늘에 다시 만날 수 있어 새삼 심회가 아득해지곤 한다. 그런 뜻에선 1999년 5월 대산문화재단에 봉직중인 시인 곽효환 형과 함께 프랑스로 르 끌레지오, 이스마엘 까다레 같은 작가와 우리 기형도, 조정권 님들의 시를 번역·소개한 시인 평론가 클루드 무샤 선생들을 만나러 갔다가, 그 숙제를 끝낸 뒤 노르망디 해변까지 찾아가 그곳 해변 모래톱에서 주워온 하얀 바닷돌 한 조각에도 2차대전 상륙작전의 그림자가 어려 있는 듯싶다 할까.

요컨대 어떤 돌멩이들은 때로 그렇듯 아득한 침묵 속에서도 우리의 상상력을 자극, 촉발하여 유한한 우리 삶의 경계를 한참 더 넓고 자유롭게 열어주는 숨은 덕목이 있어 보이는 것이다. 조금 과장을 섞어 말하면 진정한 돌쟁이들은 그 돌주름 하나에서도 수십 수백억 연륜의 흐름과 태초의 별빛, 영겁의 바람 소리까지 들을 수 있다니까. 하기야 어찌 생각하면 그것들은 다만 우리 상상력의 첫 디딤돌일 뿐인지도 모르지만.

돌의 상상력
— 돌 이야기 · 7

　외설스런 비유지만, 여객기의 힘찬 이륙활주 때면 느닷없이 몸 전체가 커다란 성기로 변하여 냅다 하늘을 뚫고 치솟아 올라가는 듯한 성적 폭발력이 느껴진다는 이가 있었다. 나 역시 우리 사물놀이의 연주가 한창 높은 고비를 치달을 때면 그 비슷한 절정감이 연상된 적이 있었다. 저 서양 상상력의 교주 G. 바슐라르의 '역동적 상상력'에 대한 소문을 얼치기로 접하고 난 뒤부터였다.

　그러면서 나는 또 혼자 한 가지 재미있는 상상을 해보곤 하였다. 만약에 그 바슐라르 선생이 우리 동양의 바둑을 알았다면 어떤 생각을 했을까? 작고 시인 신동문 선생이 단구의 문학평론가 K교수의 바둑 실력과 대국 자세를 두고 이렇듯 감탄한 것을 들은 일이 있었기 때문이다.

"그 사람 몸집은 조그만 데도 바둑판을 마주하고 앉으면 꼭 태산을 앞에 하고 있는 것 같고, 한 점 한 점 바둑돌을 놓을 때면 내 머리 위로 웬 바위덩이가 떨어지는 것 같아. 그 사람 바둑이 그렇게 무겁고 힘 있게 느껴져!"

하지만 아마 프랑스 사람인 바슐라르 선생의 '역동적 상상력'의 사례 속에 이륙하는 비행기까지는 몰라도(그 비행기 이륙 때 이야기도 못 들어봤지만), 우리 사물놀이나 동양사람들 전문 게임인 바둑 이야기들은 본 일이 없었다. 그리고 그걸 생각하며 나는 어줍잖이 한 인간의 경험 지식과 사상 이론의 한계를 떠올려보기도 하였다. 그러니 선생은 역시 동양인들의 전공인 수석 취미와 그 돌의 역동적 이미지의 질량 또한 체험하지도 말하지도 않았던 듯싶다. 그리고 그 작은 틈새가 왠지 나를 즐겁게 하곤 하였다.

어떤 돌들은 그렇듯 때로 그 '역사' 이상으로 우리 상상력의 문을 넓게 열어주는 역동적 이미지와 힘의 질량을 느끼게 하기도 하는데, 나의 경우 그것은 대개 무형석(혹은 추상석)들 쪽에서다. 어떤 모양새가 뚜렷한 물형석이나 경관석류는 그 구상성 때문에 상상력의 문이 좁아 아무리 신기하고 아름다워도 오래잖아 싫증이 나곤 한다. 그 대신 석질만 웬만하면 처음엔 별 모양새가 없어 보이다가도 이쪽저쪽 곁에 두고 자주 바라보면(그게 내 돌 제 얼굴 찾기다) 차츰차츰 혹은 어느 날 문득 썩 그럴듯한 모습(이미지)이 떠오르게 되고, 그래서 그런 돌들은 사람의 물색처럼 오래 지녀도 그리 싫증이 나질 않는다. 아니 끝끝내 어떤 모양새를 보여주지 않더라도 좋은 돌들은 그 석질과 색깔과 비정형의 추상적 느낌만으로도 돌쟁이들의 혼을 사로잡고 그 앞에 탄성과 한숨을 토하게 하는 경우가 많다. 그리고 사람들은 그 석질과 색깔과 무한 상상의 추상성을 취해 남한강의 오석(烏石, 혹은 墨石)을 탐하고, 그 남한강 줄기 가운데에서도 단양 지역의 자석紫石 류를 으뜸으로 치는 경향이겠고.

하지만 나야 물론 직접 탐석도 다니지 못하고 원고료 수입도 푼푼 치 못한 처지에 고가의 경관석이나 물형석은 물론 쓸만한 추상석류 도 지니지 못한 처지라, 여기선 내가 지금껏 좋아하는 내 나름 류의 명석 하나와 그간 잠시나마 내 손길을 스쳐 지나갔거나 그쪽에 길눈 이 좀 있는 친구를 따라다니며 구경한 것 중에서 기억에 남는 물목 몇 가지를 들어 그 느낌을 되새겨보고자 한다.

어느 날 앞서 소개한 나한봉 씨가 집 근처 술집으로 나오래서 가 보니 석질이나 모양새는 그럭저럭 괜찮아 보이는데 느낌이 별로 깔 끔하지 못한 수수한 돌 한 점을 건네주며 설명을 덧붙였다.

"한번은 저 충주 근처에서 종일 허탕을 치다가 손을 털고 어느 마 을 앞을 지나는데, 그 녀석이 들볏논 물꼬돌로 떡 하니 드러누워 있 더구만. 모양은 그래도 쉽게 싫증이 나지 않을 테니 짊어지고 가서 물꼬 넘어가는 도랑물 소리나 들으라구."

그러고 보니 오랜 세월 흐르는 물에 씻긴 듯한 도랑물빛 색깔이나 매끈매끈 차가운 석질의 감촉이 영락없는 물꼬돌 물림임이 틀림없었다. 그리고 그것은 무엇보다 내게 반가운 일이었고, 그 돌은 지금까지도 내 가장 가까운 곳에 간직되어 오고 있다. 왜냐하면 어린 시절을 시골 들판과 논둑 밭둑 개울물에서 보낸 나는 이후 한동안 술에만 취하면 그 돌멩이를 베개 삼아 베고 누워 꼴꼴꼴 솨솨 시원한 논물꼬 소리와 옛 고향 시절의 허물없는 추억 속에 드물게 편안히 잠이 들곤 했으니까. 비록 얼마 뒤엔 내 만취의 버릇이 줄어들어 녀석은 겨우 그 술베개 노릇에서 벗어나 비로소 수투름한 대반臺盤을 하나 얻어 올라앉게 되었지만.

　다른 한번은 역시 그 나한봉이 이번에는 직접 자기 헌 자전거에다 흑갈색 용껍질 형상의 돌멩이 한 점을 집으로 싣고 왔다. 그런데 그가 그 돌을 얻게 된 내력이 특별했다. 탐석가들이 말하는 '평생석'이라는 돌은 산삼을 캐는 심마니들처럼 돌이 말을 하거나 발길을 붙잡아주는 따위 특별한 징조가 있어야 만나 얻을 수 있다 한다. 어느 황혼녘 나한봉은 경상북도 지역의 태백산 줄기를 타고 내려오다 중턱쯤 되는 지점에서 잠시 지친 몸을 뉘어 쉬고 있었는데, 시간이 흐를수록 왠지 가위에라도 눌린 듯 심신이 자꾸 깊이 가라앉으며 일어날 수가 없더랬다. 그리고 끝내는 이러다 내가 여기서 이대로 죽는 게 아닌가 싶을 만큼 의식이 아득해지며 서늘한 공포감마저 엄습해 오더라고. 그래 그는 안간힘을 다해 겨우 몸을 일으켜 서둘러 다시 길을 나서려는데, 그가 누워 있던 발치께에서 턱썩 발부리에 채여드는 게 있었다고.

"캐어보니 이 녀석이었는데, 나는 처음 내 평생석을 만났나보다 했지. 하지만 돌의 격에 상관없이 이 녀석이 내 평생석이래도 그때 기분이 썩 편치 않아 내 집에 지니고 싶지 않아서 이가한테 넘기는 것이니 잘 간직하라고. 나로선 자식 시집 보내는 심정이니 나중에 친정 어른이 찾아갔을 때 천덕꾸러기 꼴 보이게 하지 말구."

그 돌에 대한 자기 상상의 연원까지 내게 넘겨준 턱이었다. 하지만 그 내력이 나도 그다지 개운치가 않았던지, 아니면 시댁사람 노릇이 버거워서였던지, 그의 주문과는 달리 그 돌은 내게서도 오래 머물지를 못했다. 몇 년 뒤 그 돌을 욕심낸 한 이웃이 허 미산米山의 소품 그림 한 점을 들고 와서 굳이 그 돌멩이와 바꿔 메고 가는 것을 보고 나는 마지못한 척 만류하려들질 않았으니까.

끝으로 돌에 대한 상상의 질량감에 대해선, 80년대 중반 한 탐석가로부터 구입을 제의받은 경관석이 생각난다. 그 돌은 깎아지른 듯한 봉우리와 절벽이 무척 우람하고 아름답게 어우러진 명석급이었다. 돌 주인은 그 앞에 감탄하는 나를 보고 '그렇게 좋으면 싸게 잡아 한 150만 원 정도만 내놓고 가져가라' 선심을 베풀었다.

하지만 나는 그 흔찮은 호의를 받아들일 수가 없었다. 그 돌이 아무리 훌륭하고 욕심나더라도 그 시절 내게 그만 돈 마련이 쉬울 수 없을 뿐더러, 보다 그 돌을 우리 집에 들여놓았다간 높이 한 자 반 남짓 되는 녀석의 보이지 않는 무게 때문에 25평짜리 아파트 바닥이 통째로 무너지고 말 것 같았기 때문이었다.

집이 무너질 것 같은 돌의 무게는 비슷한 무렵 충주의 한 수석원에서도 만나볼 수 있었는데, 그래 그랬던지 한사코 시치밀 떼고 보여주기를 꺼려하는 주인에게 사정사정하여(탐석가나 수석원 사람들은 빼어난 명석은 잘 보여주려고조차 않는다) 겨우 모습을 마주하게 된 그 주홍과 유백색이 뒤섞인 추상석은 실내 진열대가 아니라 뒤뜰 수목들 사이에 늙은 황소처럼 누워 있었다. 그런데 길이와 높이가 자가웃에 석 자쯤 되어 보이는 그 바윗돌에서는 유례가 드문 엄청난 질량감뿐 아니라, 웬 살아 있는 혼령의 숨결같은 것까지 느껴져 차라리 끔찍스런 진저리가 쳐질 지경이었다. 돌의 품격이나 가치가 물론 거래가에 비례하는 것은 아니겠지만, 한마디로 전자의 경우에 비해 수석원을 나올 때쯤 우리 일행의 채근을 못 견딘 주인이 눈 하나 깜짝하지 않은 채 흘려 뱉는 듯한 소리가 "천만 원은 족히 넘는 물건이지만, 정말로 가져갈 사람이라면 8백만 원쯤엔 내보내야지요"였으니까. 이후 2001년 초여름 단국대 고혜선 교수를 길잡이로 서울대의 장경렬 교수(영문학), 문우 박영한, 황지우 형들과 함께 중미 쪽 멕시코시티 소재의 '인류사 박물관'을 찾았을 때, 오래잖은 옛날 살아 있는 사람들의 심장을 꺼내 제사하던 아스테카의 태양신, 인간의 선악과 우주적 상상력의 총체적 경계를 보는 듯한 그 무시무시한 석신상石神像 앞에서의 느낌이 그 비슷한 색깔이었다고 할까.

돌이 구르는 법
— 돌 이야기 · 8

　돌 이야기가 너무 길어진 느낌이지만, 이번에는 여행기를 대신해 온 잡석류보다 제법 곁에 두고 볼 만한 수석급壽石級 품목에 얽힌 일화 한두 가지를 적어두고 싶다.
　좋은 돌을 얻는 길은 물론 스스로 탐석여행을 다니는 것이 상책이다. 하지만 육신의 기력이나 시간적 여유가 그걸 허락하지 않는 경우에는 이름 있는 산지라도 찾아가 '가게 탐석'을 하는 것이 손쉬울 테고, 그것도 마음에 번거롭다면 나의 경우처럼 마음 좋은 탐석가나 소장자의 이웃으로 그쪽 돌 인심을 누리는 것도 크게 나쁘지 않을 것이다(하지만 앞에서도 말했듯이 심산곡수 방방곡곡 자기 발품을 팔고 다니는 진짜 탐석가들은 좀체 그런 선심을 쓰려 하지 않으며, 잘해야 자기 소장의 3급품 정도밖에 내놓지 않는다는 점을 헤아리고 다음 사항을 참고하실 것).

첫째로 앞서 소개한 내 돌 사부님 경우처럼 '이 방 안에서 네 맘대로 한 점 찍어. 그게 네 돌이니까' 하는 식의 큰 선심을 만나는 것은 매우 드문 행운이다(그럴 때라도 절대 최상등품은 지목하지 말 것. 그랬다간 다시 그런 기회커녕 집엘 찾아오는 것까지 꺼리게 될 테니까). 그러니 그런 기회는 전문 탐석 소장가보다 돌을 잘 알지 못하는(흥미나 관심이 없는 경우라면 더욱 좋다) 사람으로부터 스스로 찾아오는 경우가 가장 고마울 수밖에 없을 것이다.

1977, 78년 무렵, 나중에 내 졸편 연작 『남도사람』 중 「새와 나무」(3), 「다시 태어나는 말」(4)의 '김석호' 씨의 실재 모델 김봉호(『소설 세한도』 『초의와 완당』 등의 저자) 선생을 처음 댁으로 찾아뵈었을 때였다. 두어 시간가량의 첫 방문인사를 끝내고 다시 댁을 나서려는데 가을 정원수들 단풍이 분분한 대문간까지 배웅을 나오신 선생이 두 손으로 웬 오석 돌멩이 하나를 쓰다듬어 내밀며 싱겁게 말씀하셨다. "모처럼 만났는데 이거 서운해서 어쩔까. 누가 내 집에 가져다두고 간 모양인데 나는 잘 모르겠으니 이거라도 가져가……"

하긴 당신인들 그걸 누가 가져왔는지, '이거라도' 식으로 비하할 만큼 보잘것없는 돌이 아닌지를 모르실 리 없으련만, 짐짓 시큰둥한 그 어조가 선생의 마음을 그렇듯 편하게 받아들이고 오래 잊지 못하게 한 계기였다.

둘째로, 안 주면 내놓게 한다! 이야기가 나온 김에 그 오석의 일

화를 잠시 더 인용하자면, 그 돌멩이는 모양새가 삼각형의 산 모양을 이루고 있었다. 그런데 그 후 하루는 1972년 내 창작집 『소문의 벽』의 표지 장정을 꾸며준 일을 인연으로 이따금 술자리를 함께 해오던 서예가 박정래(朴貞來 : 그도 이름 있는 탐석가였다) 선생의 작업실을 찾았더니, 그 서탁 위에 역삼각형 모양의 좋은 오석 한 점이 놓여 있었다. 석질이나 크기도 집에 있는 것과 비슷했다.

"우리 집에 이 돌의 신랑감 삼을 만한 짝이 있는데, 영락없이 좋은 한 쌍이 되겠구먼."

나는 그 돌에 눈길을 주며 슬그머니 한마디를 흘렸다. 하지만 깐깐한 성격에 이미 내 꿍심을 알아차린 선생은 못 들은 척 아무 대꾸가 없었다. 그렇다고 그것으로 일이 끝난 건 물론 아니었다. 어느 출판사의 일로 우리는 이후에도 몇 번 술자리가 계속되었고, 그때마다 나는 비슷한 소리를 뇌어대었다. "거 참, 녀석이 짝을 못 만나 영 때깔이 덜해 보이는구만."

그리고 그 몇 번만에 선생은 드디어 버린 화선지에 녀석을 싸 내밀며 덧붙였다. "허허 그것 참, 두 놈 인연이 정 그래 보인다면 가져다 함께 놓아주시오. 대신 다음부턴 우리 사무실 말고 바깥에서 만나기로 하구."

비슷한 예로, 돌 많은 충주 지역에서 한 시절 봉직을 하고 돌아온 친지 집엘 갔다가 좋은 돌을 많이 모아 지닌 것을 구경한 일이 있어, 뒷날 내가 우리 집엘 찾아온 그에게 내 돌조각 모임을 보여주며 짐짓, "이게 다 내가 마음으로 이웃하고 지내온 사람들 얼굴일세. 그런데 자네 얼굴이 없구만." 하고 한마디 해보냈더니, 다음번엔 그 스스로 썩 볼만한 묵석墨石 한 점을 품고 온 일도 있었다면 이 두 번째 단계 계교의 효험을 알 만하리라.

마지막으로, 이건 가장 바람직스럽지 못한 방법이지만 나는 아예 체면 불구하고 남의 돌을 허락 없이 집어온 일도 있었다. 1970년대 말, L선생이 주간으로 계시던 한 문학지의 적선동 시절이었다. 하루는 그곳 편집부엘 들렀더니 당시 편집장 일을 맡아하던 S씨 혼자서 자리를 지키고 앉아 있었다. 나는 그냥 돌아서기도 뭣하여 잠시 편집실 밖 응접 소파에 앉아 시간을 보내려다보니 두꺼운 유리판을 얹어놓은 탁자 아래에 몇 나라 동전들과 함께 모양과 문양이 몹시 깜찍한 묵석 한 점이 놓여 있었다. 나는 슬그머니 그 돌을 꺼내어 들고 편집실로 들어가 S씨에게 일방적으로 말했다. "이 돌 그냥 집어가려다 뒤에 많이 찾을 듯싶어 알려드리니, 나중에 L선생께 내가 가져갔다고 말씀드리세요."

그런데 그때 성품이 워낙 무던하던 S씨가 무슨 대꾸를 했는지 모르지만(아마 분명한 만류의 말은 없었던 걸로 기억한다), 나는 여태까지 20년 넘게 그 묵석을 좋이 간직해오면서 S씨의 그 난처한 얼굴에 금세 땀방울이 송글송글 맺히던 기억이 아직도 선하다. 그리고 그날 집으로 돌아오자마자 바로 걸려온 S씨의 전화 당부가 그렇듯 절묘했다는 생각에 두고두고 혼자서 미소를 짓곤한다. "L선생님께 말씀드렸더니 돌을 가져간 건 좋은데, 다른 사람에게 다시 손을 옮기지 마시래요."

    이미 한번 수중을 떠난 돌을 두고 L선생으로서도 그밖에 서운함을 달랠 다른 방도가 있을 수 없고, 나는 그쯤 주문의 말씀을 미리 예상하고 있었기 때문이다.

흐를 수 없는 돌
— 돌 이야기 · 9

　참고 삼아 수석의 현금가에 대한 소견 한 가지를 말하자면, 탐석 취미가 일반화되기 시작한 6, 70년대의 돌값 매김은 처음 한국화가들이 일조를 하지 않았나 싶다. 목포시 소재의 남농선생기념관 수석들이 많은 부분 선생의 그림 작품 대가물로 알려져온 데서 짐작할 수 있듯이, 한국화가들은 자연 스스로의 넋과 형상이 담긴 암석류(특히 괴석류의 형이상학!)를 좋아하게 마련이고, 수석 소장자들은 그 화가들의 소망도에 따른 대불代拂 작품의 가격에서 현실적인 교환가가 매겨졌을 것이다. 다름아니라 그 말은 다 알고 있듯이, 수석에도 그만큼 분명한 현실적 가격이 있고, 그 척도가 생각보다 분명한 데가 있다는 이야기다. 뿐만 아니라 그런 수석류를 앞서 말했듯이 공짜로 함부로 취하거나 빼앗을 일이 아니라는 말이기도 하다.

전문 탐석가도 수장가도 아닌 앞서의 L선생마저 다른 사람에게 다시 자리를 옮기지 말라는 당부를 보내오는 마당에, 자기 발품을 팔고 다닌 탐석가에게나 그것을 소망해 얻은 한국화가 같은 소장가에게나 그 수석들에는 현실적인 교환가뿐 아니라, 그것을 얻기까지의 힘든 과정과 애착심이 담겨 있을 것이기 때문이다. 그래서 불가피하게 자리를 옮기게 되더라도 다시 손 건넴을 말라는 친정 아비 같은 주문까지 덧붙이게 되는 것일 게다.

하지만 그런 전문 소장가가 아닌 처지에선 앞서 L선생의 묵석처럼 특별한 사연이 없는 경우라면(무엇이나 고이면 썩는다는 말을 들먹일 필요도 없이), 이웃에서 얻은 돌 이웃에게로 정표 삼아 다시 건네 보냄도 무방하리라 여겨진다. 그래 나 역시 좋지 않은 돌이나마 더러는 원고지나 화선지 누름돌로, 더러는 결혼이나 이사 축하, 여행 기념 징표 따위로 적지 않은 수의 돌을 손바꿈해온 편이라 생각한다. 그리고 때로는 '그 돌이 누구에게 갔더라?' 식으로 이미 손을 건네준 돌의 소재를 생각하며 새삼 그 상대방(만약 이런저런 사연으로 그와의 사이가 소원해졌거나 소식이 끊긴 경우라면 더욱)과의 지난날의 정의를 되새기게 되기도 한다.

그런데 실상은 그런 내게도 함부로 손바꿈을 하여 내어줄 수 없는 돌이 몇 점 있다. 그렇게 계속 지니고 있을 수밖에 없는 돌이 쉽게 임자를 바꿔 보낼 수 있는 경우보다 더욱 각별한 감회를 자아낼 것임은 물론이다.

그런 경우로, 연전에 작고한 『혼불』의 작가 최명희 님이 생전 어느 날 집엘 왔다가 서가에 늘어앉은 돌멩이들 중 하나를 보고 "어머, 저건 영락없는 코끼리네요" 하였다. 몇 년 동안 내가 못 찾아낸 그 돌의 얼굴을 찾아낸 것이었다. 그리고 나는 늘 제 얼굴을 찾아준 사람이 임자가 되어야 한다고 여겨왔으므로 그것으로 그 돌은 최명희 님의 것이었다. 나는 그런 뜻을 말하고 그녀에게 그 돌을 가져가라 하였다.

하지만 그녀는 '나중에 다시 와서 가져가겠다'고 짐짓 사양하였고, 나는 언제든 마음 내킬 때 가져가라고 기회를 미뤄두었다. 하지만 이후 몇 번이나 다시 우리 집엘 왔던가. 그녀는 끝내 그 돌을 가져가지 못하고 저세상으로 가고 말았다. 한옥 창문 밖 어린 오동나무 잎에 떨어지는 빗방울 소리를 아는 여자(1980년 《중앙일보》 신춘문예 당선작 「쓰러지는 빛」에 그런 장면이 나온다. "창문 밖 오동잎에 떨어지는 빗소리를 들을 줄 알면 소설 쓸 수 있는 사람이지 뭐. 그거 보고 뽑은 거였어요" 심사에 참가했던 내가 뒷날 여담 삼아 말했을 때 그녀의 얼굴이 이상하게 상기되던 일이 생각난다), 이듬해 1981년 장편소설 『혼불』(당시엔 단권 길이였다)을 내놓았을 때 박경리 선생의 『토지』처럼 한번 유장한 목소리로 이어 뽑아보면 좋겠다며 당부 삼아 내어준 내 은제 만년필(그 역시 내 고마운 친지 한 사람이 자신은 지니기가 뭣하니 좋은 글 쓰라며 넘겨준 것이었으므로 나 역시 같은 소망에서)은 그 돌멩이와 달리 별 사양의 기색이 없이 받아가서 이내 줄줄이 2부 3부를 써내던(물론 내 부추김이나 은제 만년필 덕에선 아니었겠지만) 무서운 여자, 무서운 작가……. 이제는 그 만년필이 어디로 흘러가 누구에게 간직되고 있는지. 어쩌면 그녀를 위한 전주의 기념관에 그녀의 치열한 문학 혼불을 증언해주고 있는지……. 최명희 님 이외에 다른 임자가 있을 수 없는 그 코끼리 돌을 볼 때마다 생각하는 일들이다.

경우는 좀 다르지만, 주고 간 사람의 생전 모습이 새겨 있어 자리를 다시 옮길 수 없는 돌이 또 한 점 있는 바, 그 사연을 말하자면 60년대 끝 무렵 종합잡지 『아세아』 창간 작업을 인연으로 누구보다 내 소설쟁이살이의 어려움에 깊이 마음을 써준 선배가 그 주인공이다. 첫 창작집 『별을 보여드립니다』에서부터 작품집만 나오면 굳이 몇 권씩을 주위에 '강매' 해주고, 좋은 일 궂은 일 가리지 않고 때마다 쫓아와 마음을 함께해주며, 술자리 밥자리 계산은 항상 자기 몫으로 여기던 선배였다. 그 선배가 85년 내가 잠시 어느 대학교 강의를 나가게 되었다는 소식을 듣고 일부러 청주까지 함께 차를 내어 내려가 썩 괜찮은 수석 한 점을 기념으로 사 주며 한마디 였었다. "이제 이 형이 그 지겨운 소설 덜 쓰고도 살아갈 수 있게 됐으니 축하할 일 아니여!" 그리고 다시 10여 년이 지난 몇 년 전 어느 날, 그 선배가 부인과 함께 집을 찾아와 가까운 곳에 맛있는 점심집을 알아뒀으니 함께 나가자 하였다. 그러나 나는 이미 점심을 끝내고 난 터라 그날은 두 양주분만 가시고 뒷날 다시 함께 가자고 자리를 사양할 수밖에 없었다. 그리고 그는 그렇게 부인과 함께 점심을 하고 집으로 돌아가 다시 전화를 해왔다. "이 형 생각이 나서 거기 술 몇 병 미리 사 맡겨놓고 왔으니 언제 다시 가요. 이번에도 시간이 안 맞으면 이 형이 먼저 가서 마셔버려도 좋고."

그런데 차일피일 한 며칠 기회를 미루고 있는데 느닷없이 그가 고혈압으로 쓰러졌다는 소식이었다. 그리고 그는 다시 정신을 되찾지 못하고 20여 일간 암흑 속을 헤매다 끝내 숨을 거두고 말았다.

―많이 만나고 많이 함께 하며 웃어주고 의논하고 많이 대신해주던 사람. 이웃을 앞세우고 자신의 거둠을 삼가며 두루 베풀고 간 덕인 고운 님 권○○.

장례를 치르고 난 며칠 뒤 나는 아내와 함께 그 '맛있는 음식점'을 찾아가 그가 미리 사두고 간 술을 찾아 마시며 내가 마음을 다해 지어다 그의 비석에 새겨 준 비문을 되새기고 있었다.

그가 내게 주고 간 돌에도 또한 그 비문과 함께 그의 생전의 모습이 새겨져 있는 셈이니, 누구에게도 손을 옮겨줄 수 없음은 물론이다.

떠남과 돌아옴의 길목
— 강물 이야기 · 1

가을이다. 가을이 가고 있다.

가을이 '오고 있다'는 말이 순 산문적 서술일 뿐임에 반해 언제부턴지 가을은 내게(누구에겐들!) 늘 '떠나가고 있는 계절'이다. 투명한 햇빛과 소슬한 바람결 속에 하얀 억새꽃 언덕으로 떠나가고, 쑥부쟁이 꽃무리진 고향 들녘 밭둑길로 떠나간다. 코스모스 한가로운 시골 간이역 너머 구름장으로도 떠나가고, 난분분 낙엽 지는 산사 길의 아득한 정적 속으로도 떠나간다.

진부한 이야기지만 그래 이 가을은 내게도 늘 어디론지 떠나갈 생각에 쫓기게 하고, 떠나갈 마음 준비를 가다듬게 한다. 실제 여행을 떠나게 되거나 말거나 잎 지고 열매 지고 누런 논배미들의 볏단들까지 사라지고 빈 들녘 검은 지평선만 아득할 때까지도.

가을은 그렇듯 내 은밀한 떠남의 꿈이 깃든 계절이다. 그리고 그 수상한 꿈을 좇아 수많은 여행길을 나섰다가 어느 산굽이길 이정표처럼 때마다 한두 개 돌멩이의 목록을 더하고 지내온 묵은 세월의 이름이다. 앞서의 돌 이야기들과 별다를 바 없는 이 글의 소제목을 이번 달에 새삼 그 여행의 세월을 함의한 강물 쪽으로 바꿔 시작한 것도 그 때문이다. 그때그때 내 삶의 한 이정표라고도 할 수 있는 그간의 잡석 덩이들을 한데 모아놓고 보니 아닌게아니라 그 여행길에 묻어 모인 세월은 강물의 흐름 같다는 느낌이 새로워서다. 그 흐름이 어언 그만큼 오래고 덧없으며 변화가 많았다는 생각 때문이다. 내 삶도 그렇고 세태도 그렇고, 심지어는 '산천의구'의 자연풍광마저 우리 마음속에 그 모습(寫意)을 달리함을 보기 때문이다. 일례로, 그 변화의 감회를 어느 해 한 나무의 이름을 위해 시문투 형식으로 남겨둔 메모를 여기 옮겨보면 이러하다.

녹우당綠雨堂

녹우당이 왜 녹우당인고 하니,
　○○고을 ○동, ○○선생 고택 외당 앞에 여름이면 푸른 꽃비를 흩날리는 고목이 서 있어서라.
　70년대 어느 여름 그 꽃비를 맞으며 연유를 설명들었겄다.

80년대 어느 해 그곳을 다시 찾았을 때는 당호 내력이 달라졌다.

당우堂宇 뒷산에 푸른 비자나무 숲이 짙어 비가 오면 잎새들에 떨어지는 빗방울 소리에 녹색이 어리는지라.

다시 90년대에는 그 내력이 더욱 유구한 시풍으로 변하되,

3백 년 묵은 울 너머 은행나뭇잎이 다다락다다락 바람결에 나부끼는 소리가 가위 푸르고 시원한 빗소리라.

사람의 입이 바뀌면 역사의 입도 바뀌는가.

이후 내 살아생전 행보를 더하다보면 또 한 연고를 만나겠구나.

내 짧은 한 생애 속에 그 역사의 변천을 세 차례나 본 셈 아닌가.

굳이 시비가 목적이 아닌 바에 내 들음이나 기억의 잘못이라면 사죄해 마땅할 일이지만.

여행의 시작은 물론 떠남에서부터다.

내 첫 떠남에의 예감은 어렸을 적 가형과 함께 목선을 타고 멀리 마을 앞바다로 나갔을 때부터였던 듯싶다. 배가 차츰 해변을 떠나가면서 그때까지 내 세계의 전부였던 우리 동네와 집들과 마을 뒷산이

조그맣게 멀어지고, 그 너머로 다시 천관산이라는 큰 산이 높다랗게 솟아올랐다. 그리고 배가 더 멀리 나갈수록 그 천관산 너머로 계속 수많은 산봉우리들이 물결처럼 희부연 연무 속에 끝없이 이어져가고 있었다. 나는 그 세상의 드넓음에 두려움과 아득한 절망감을 느꼈던 기억이 아직도 생생하다. —언제가는 내가 저 산들을 넘어가야 하는 게 아닐까.

그런데 초등학교 6학년 가을 소풍길에 그 천관산을 처음 올라 바다에서보다 더 넓고 멀리까지 펼쳐져나간 산해의 까마득함 앞에 나는 그 뱃길에서의 두려움이 과연 그 드넓은 세상으로의 떠남에 대한 예감 때문임을 다시 한 번 확인했다. 나는 그때 막연하나마 언젠가는 내가 그 산들 너머의 세상으로 나가야 하고, 그것이 어쩌면 내 불가피한 삶의 점지인 듯싶은 예감 속에 지레 가슴을 두근거리고 있었으니까(이 큰 산 이야기는 나중 내 졸작 『인문주의자 무소작씨의 종생기』로 이어졌다).

하지만 내가 실제로 그 천관산을 처음 넘은 것은 중학교 입학시험(당시엔 국가고시)을 치르기 위해 장흥읍엘 나가면서였다. 하지만 그것은 알전구 전깃불을 처음 켜보고 신기해하던 하룻밤 동안의 일이었고, 아예 그 큰산 너머 세상으로 나와 살기 시작한 것은 1954년 봄 광주의 한 중학교에 입학해 다니면서부터였다. 그리고 중고등학교 6년을 지낸 뒤 지난한 여정 끝에 다시 서울 입성까지 하게 되고부터는 그 떠남이 제법 온전히 성취된 셈이었달까.

하지만 그게 아니었다. 언제부턴지 나는 다시 그 천관산 너머 고향마을을 거꾸로 찾아들어다니기 시작했다. 삼십대 초반 청상이 된 형수에게 노년을 의지해 지내는 어머니 때문이었다. 아마도 당신이 고희 고개를 넘길 무렵부터였을 것이다. 나는 그 노모의 여생이 그리 길지 못하리라는 생각에서 그 무렵부터 일 년에 한두 번씩 고향길을 내려다니기 시작했고, 때마다 그것이 어쩌면 생전의 당신을 마지막 하직하는 길인 듯싶은 무거운 기분으로 노모를 다시 떠나오곤(마지막 작별의 되풀이) 하였다. 그 고향길은 당신의 연세가 더해가고 기력이 쇠해갈수록 일 년에 한두 번에서 서너 번, 네댓 번씩으로 횟수가 더해갔고, 1994년 95세로 돌아가실 때까지 20여 년이나 계속됐다.

하다보니 나는 그 먼 고향 나들이길을 아예 여행 삼아 친지들을 함께 청해 다니기 시작했고, 그런 연유로 남충청 일부와 전라도 지역은 먹을 곳, 잠잘 곳, 구경하고 놀 곳들을 웬만큼 찾아 알아두게 된 셈이었다. 그리고 그런 끝에 노모가 돌아가실 무렵엔 스스로 제법 쓸 만한 여행 안내자를 자처하며 이후로도 그 지인들과의 동반 여행길을 계속해온 것이었다.

그 여행길은 그러니까 나라 안에서도 대부분 남충청, 호남 일대 쪽에 치우치고, 그것도 고향길을 근간으로 비슷한 노선이 줄곧 반복되어온 식이었다. 하지만 같은 길이라도 세월이 흐르고 동행자가 바뀌면 경관이나 세태 또한(관심과 흥취의 방향에 따라) 함께 바뀌었다. 그것은 같은 여행지의 새로운 발견이며 내 삶의 재발견이기도 하였다. 인하여 나는 그렇듯 같은 길 여행의 '반복'을 위해 수삼 년 전 당시로선 썩 쉽지 않던 백두산 등정 기회마저 단념하고 만 일이 있었으니까.

　나는 말의 불편과 건강의 어려움 때문에 평소엔 그다지 국외 여행을 좋아하지 않는 편이다. 다만 우리 강산과 삶의 모습을 새롭게 읽어보기 위해 이따금 국외 여행이 불가피했을 따름이다. 그래서 더러 외국 구경을 다녀와서도 선뜻 여행기 따위를 쓰고 싶지 않았는데, 한번은 어느 대그룹 회사로부터 여행기를 쓰지 않아도 되는 회장님 동행의 백두산행을 제의해왔다. 나는 마음이 솔깃했음에도 여권 수속 절차 따위가 귀찮은 데다, 백두산이나 금강산은 세월이 걸리더라도 반드시 우리 땅을 밟고 올라가겠노라는 한 고집스런 친지의 다짐말이 마음에 걸려 결정을 미뤄두고 있었다. 그런데 그 사이 다시 남행길이 생겨 몇몇 일행과 지리산 길을 오르다보니 금세 마음의 결정이 내려졌다. ─백두산 갈 품 들일 여가 있으면 이곳을 다섯 번쯤은 찾을 수 있으리. 나는 그 길로 바로 산중의 공중전화를 찾아 서울의 여행 주선 담당자에게 사양의 뜻을 전하고 만 것이었다.

　이번 가을에도 나는 비슷한 남행길을 반복하고 돌아왔다. 장성 백양사의 백학봉, 순창 용추사의 석계곡 물소리, 순천만의 석양 갈대밭, 장흥 보림사의 저녁 종소리, 천관산의 문학비림공원, 강진 마량

포구의 완도집 젓갈맛, 생선 백숙 맛까지 두루 남녘의 가을 정취를 누리고 온 셈이다. 더하여 참 여행의 즐거움은 오히려 승지나 명소를 핑계삼은 동행간의 교환交歡과 지인 찾아 만나기 가운데에 있음이라. 백양사의 원진 스님, 보림사의 현광 스님들의 법덕에, 장찬홍, 김선두 화백들의 묵향과, 한승원, 박덕규, 김수복, 이승우, 장석주, 안광 같은 글벗들의 문향文香을 함께 누릴 수 있었으니 그 뿌듯함이랴. 내 가을과 이 한 해는 이제 그쯤에서 떠나가도 될 법했다.

다만 한 가지 아쉬움라면 예의 그 세월과 변화의 물살이 너무 거세어 이 가을이나 한 해뿐 아니라 어언 내 삶 전체의 시간이 함께 휩쓸려 떠나가고 있는 듯한 아득한 감회가 새삼 역력했던 점이랄까. 그런 느낌이 지나간 세월의 탈색과 허망한 여운처럼 다가온 것은 예의 마량 포구 어죽백숙 전문 완도집에서였다. 그 집은 20여 년 전부터 먼 남행길 여정 끝에 잠시 심신을 쉬어갈 겸 해 즐겨 찾던 생선음식집이었다. 한데 그동안 자주 길을 함께 해오던 백야白也라는 친구가 한번은(이번에 기록을 보니 1991년 10월이었다) '……(어머님이) 재 너머 계시온데도 곧장 가지 못하고/ 흰머리 송구스러워 한숨 돌려 가는가' 로 이어지는 시문풍을 액자에 넣어와 벽에 걸어준 일이 있었다. 그리고 그날 나는 그의 뜻이 고마워 그 시문 액자의 배지에 '오늘도 세 벗과 찾아와 무거운 마음 덜고 갑니다' 라는 문귀를 적어 넣었었다. 뿐더러 그것을 시발로 하여 나는 이후 그곳을 찾을 때마다 새 동행들에게 그 시구를 함께 구경하며 한마디씩 자신들의 여정

旅情을 적어 남기게 하였다.

그러다보니 십여 년이 흐른 지금에 와서는 그 문귀와 이름들이 수십을 헤아리게 되었고, 이번 길에도 나는 그 집을 찾아가 그간의 면면과 글귀들을 반갑게 만나고 온 셈이었다.

―미백未白의 흰 머리와 함께 마량의 노을을 보며.

93년 4월 보길도 길을 함께 했던 김병익의 조용한 눈길도 새삼 따스했고,

―수십 명 왔다 가는디 이집 젓갈 맛이나 알고 가는지 모르겄소.

영화 「서편제」 때부터 발길이 잦았던 임권택 감독의 밉잖은 시비투도 새삼 정겨웠다.

―바람의 언덕을 넘어 선학동을 지나 이곳 언제 다시 찾아오고 싶어라.

한국 단편소설의 라디오 방송 녹음을 위해 98년 이 지역을 찾았던 일본 NHK사 요원들의 시정 넘친 필적 또한 그 감회가 여전했다.

그밖에도 홍성원, 김원일, 김치수, 김주연, 오생근, 정문길, 이만재 등 반가운 이름들이 서울의 자신들 안부를 앞다퉈 묻는 듯하였다.

그런데 다른 한편, 나는 이번 그 완도집을 나오면서 유감스럽게도 어쩌면 이후엔 그 정겨운 이름과 글귀들을 다시 만날 수 없을지 모른다는 창연한 느낌에 젖고 있었다. 애초 마을의 맨 끝쪽에 자리했던 그 집이 이제는 매우 번잡한 중앙지로 변했을 만큼한 시간의 흐

름은 액자의 문구와 이름들도 함께 희미하게 탈색시켜 간신히 형적만 남기고 있는 모습이었기 때문이다.

  그 기록의 날짜와 함께 멀리 흘러간 시간의 아득함, 그 퇴색해가는 세월의 물결 속에 나의 삶도 어디선지 이미 멀리 떠나왔고, 지금도 쉼없이 떠밀려가고 있는 듯한 허망스런 상실감을 지울 수 없었기 때문이다.

율력여행 유감
— 강물 이야기 · 2

    1980년대 초반, 한 중동국 수도 거리의 조촐한 식당 안. 십여 명 쯤으로 구성된 우리 문인방문단 일행이 미리 마련된 장방형 식탁에 둘러앉아 만찬의 초대자인 주재대사의 도착을 기다리고 있었다. 하지만 우리는 잠시 뒤 도착하여 인사를 건네고 자리를 찾아 앉는 대사를 그대로 앉은 채로 맞았다. "일어설 것 없어요. 그냥 이대로 앉아서 맞아요." 엉거주춤 엉덩이를 들썩이고 일어서려는 일행 중 몇 사람을 보고 좌중의 한 분이 문사의 자존심을 내세우고 들었기 때문이다. 자리를 일어서려던 사람들은 머쓱하니 다시 걸상을 당겨 앉고 말았고, 그런 가운데에도 대사는 별다른 기색 없이 자신의 환영 인사를 치르고 나서 음식이 나올 동안 잠시 우리 일행과 환담을 나누고 있었다.

그때 입구 쪽에서 또 다른 한 정장 차림의 동양남자가 나타나 아까부터 우리처럼 누군가를 기다리고 앉아 있던 동양인들의 식탁으로 걸어갔고, 그러자 그 식탁 사람들은 일제히 자리에서 일어나 조용한 박수로 그를 정중히 맞았다. 그런데 일이 거기에서 끝나지 않았다. 자리를 잡아 앉으려던 그쪽 남자가 어느 참엔지 이쪽의 우리 대사를 알아보고 웃으면서 건너와 반갑게 인사를 건네고 돌아갔다.

"저 친구도 오늘 본국에서 손님들이 오셨다는군요. 이곳 일본대사거든요." 그가 돌아가고 나서 우리 대사가 한 식탁 식구에게 귀띔해온 말이었다.

20여 년의 세월이 흐른 지금에도 좀체 잊혀지지 않는 내 첫 외국여행길의 언짢은 기억이다. 우리가 더러 대통령직과 그 직의 인물을 구분해 말하지 않는 일이 있듯이, 어떤 인사의 직을 그 직의 실제인물과 함께 싸잡아 폄하하고 들었다가 거꾸로 스스로의 자존을 폄하당하고 만 격이었달까.

하지만 돌이켜보면 그게 꼭 우리 대사를 우습게 보고 그 대사 앞에 굳이 문사의 자존심을 내세우려서만이 아니었을지 모른다는 생각이 들기도 한다. 왜냐하면 그 무례스럽도록 당당한(!) 자존과 자긍심 뒤에는 어쩌면 그럴 만한 숨은 연유, 서글픈 일이지만 이 땅의 문학이나 문학인의 위엄과 관련해 모종의 열패감이 자리했을 수도 있었기 때문이다. 외국여행을 떠올리면 다른 사람 아닌 내가 자주 그런 씁쓸한 기분에 젖곤 하기 때문이다.

지난 세월이나 지금이나 이런저런 이유에서 나는 원체 여정이 긴 국외 여행이 달가운 편이 아니라 스스로 자비유람을 나선 일은 거의 없고, 비행기를 타게 되는 경우란 더러 내 작품과정에 고마운 신세를 져온 지원사업 기관이나 단체들의 주문에 따른 경우가 아니면, 해외에서 시행되는 기획행사 참가를 위한 구색 맞추기식 울력여정일 때가 대부분이었다.

그런데 그런 여행에는 다른 것은 고사하고 우선 3등석 비행기 좌석부터가 늘 옹색하고 불편했다. 비좁은 3등석 가운데에 갇혀(혈전증 위험까지야!) 담배를 참아가며 열 시간 이상씩 장거리를 쪼그려 앉아 가다보면 보통 고역이 아니었다. 그것도 기력이 괜찮았던 50대 전후까지는 제법 참을 만했지만 갑년이 가까워지는 나이에 체혈당 수치까지 만만찮아지면서부터는 이만저만 힘이 드는 사역이 아니었다. 육신의 괴로움도 괴로움이지만, 넓고 편한 비행석과 고급호텔 잠자리에 적지 않은 사례비까지 챙겨 가는 외국 저명작가들의 한국 방문길을 생각하면 마음까지 그렇듯 초라해질 수가 없었다. 그야 우리 처지가 그렇고 내 문학의 높이가 그뿐인 처지에 그 무슨 당찮은 불평일까마는, 그런 우리 처지와 내 문학의 높이를 받아들이자니 더욱 심사가 처연해지는 거였다. 그래 한번은 미국 대학교 쪽의 한 문학관계 모임엘 다녀오는 길에 오기풀이 삼아 배정된 3등 좌석표를 2등짜리로 바꿔 타고 8시간 가량을 내내 공짜 술로 죽이고 돌아온 일도 있었지만, 그 역시 그럴수록 자신의 꼴만 더 누추하고 비애스럽긴 마찬가지였다.

 한데다 오고 가는 길 마련이 그런 터에 자고 먹는 형편이야 더 이를 바가 없는 일임은 불문가지. 긴 말 필요없이 그 80년대 초 어느 해 우리 정부 부처의 지원으로 김병익, 정현종 형들과 세 사람이 같은 목적으로 이탈리아의 로마엘 갔을 때는, 여행을 주선한 쪽에서 안내해 간 숙소의 벽면에 '귀중품을 잘 간수하시오'라는 우리말 주의사항이 붙어 있는 데다, 식당에서는 설익은 김치찌개와 잡채접시를 내어놓아 그 길로 숙소를 다른 곳으로 바꾸어 옮기곤 그쪽 사람들과도 아예 연락을 끊은 채 남은 여정을 우리끼리 채우고 온 일이 있었으니까.

 그래저래 나는 그 중동국 주재 대사와의 씁쓸한 일과 함께 비슷한 일로 자주 외국길 비행기를 타곤 하는 한 예술계 지인의 힐난 소리를 두고두고 되새기게 되는지 모른다.

 "에이 여보슈. 당신 나이 체면이 있지. 머리 그리 허얘가지고 어떻게 그 비좁은 3등석에 쪼그려박혀 장장 열 시간씩을 견딘단 말요. 그래서 나는 그런 심부름 울력길을 나서라면 우선 먼저 비행기 좌석하고 들어가 묵을 숙소부터 물어요……. 심부름을 아예 안 나서려면 몰라도 우리 나이에 남의 눈길이 있지 원!"

 그러고 보면 필경 그 중동국 대사를 우리가 자리를 일어서 맞지 않은 건 어쩌면 그런 음습한 자존심 비슷한 것 때문이 아니었는지. 하긴 자리를 일어서 맞지 않는다고 그런 자존심이 지켜질 수 있는

것은 아닐 테지만.

그렇다고 그 모든 여정들이 그저 부질없고 마음 상해할 일만이 아니었음은 물론이다. 재정이 그리 푼푼치 못한 형편에서도 우리 문학의 해외 소개와 위상의 제고를 위해 능력껏 기회를 마련하고 지원을 아끼지 않아온 관계기관이나 재단들에는 고마움과 경의를 표하지 않을 수 없을 뿐더러, 의외의 호응과 격려를 아끼지 않았던 지구 곳곳의 교민들과 한국문학 전공자들의 진정 어린 관심은 나에게 더없이 뜻깊고 소중한 보람으로 기억되어야 하기 때문이다. 멀리로는 위의 김병익, 정현종 형들과 동행했던 그 82년 스웨덴과 핀란드 대학들에서의 진지하면서도 즐거웠던 한국문학 토론회에서부터, 가까이로는 96년 가을 황동규, 정혜영, 김광규 교수들과 함께한 독일의 본, 베를린 등지에서의 우리 작품들에 대한 열띤 관심과 경청 분위기, 그리고 99년 봄 오스트리아 빈대학과 2001년 멕시코대학 모임들에서 그곳 문인들과 문학 전공자들이 우리 문학작품들에 보여준 따뜻한 호응에 이르기까지. 그런 기억들은 아직도 내게 잔잔한 감동으로 남을 만큼 인상 깊은 것이었으니까. 그리고 그런 가운데에 나는 일부나마 내 작품을 소개할 수도 있었고, 이후 몇몇 현지 작가들과의 우의도 나누고 지내게 될 수 있었으니까. 뿐만이 아니라, 그 외국 작가들의 예외가 없어 보이는 도저한 자긍심은 내 자신의 문학에 대한 믿음을 되돌이켜보고 그 부끄러움과 진정성을 읽어 배우게도 했으니까.

　말이 나온 김에 이야기를 잠시 그 외국 작가들의 자존심 쪽으로 돌려보면 이런 식이었다. 2002년 여름 서울을 찾아온 르 끌레지오를 만나 요즘의 프랑스소설에 대한 소견을 물었더니, 그는 일언지하 "나는 요즈음 프랑스나 파리 작가들의 소설을 읽지 않는다"고 잘라 말했다. 같은 해 그보다 먼저 멕시코를 찾아가 그곳 문단의 존경을 받고 있다는 노 여류작가 마리아 멘도사 여사를 만나 일찍이 노벨상을 수상한 그 나라의 한 작가에 대해 물었더니 할머니는 대뜸 '그 위인은 엉터리 마피아 두목'이라 거침없이 매도하면서, 자신은 '자기 소설이 창조해낸 세계의 신'이라 당당하게 내세웠다. 그 외에도 알바니아 출신 프랑스 작가 이스마엘 카다레 씨 또한 어느 때 소설의 집단창작에 대한 소견을 나누는 자리에서 '집단창작은 창작이 아니다. 한 편의 작품은 신과 같은 단 한 사람의 천재의 창작물이다. 셰익스피어가 열 명이면 그 중 한 사람도 셰익스피어일 수 없다'는 뜻의 말을 서슴없이 토로한 것을 본 일도 있었다. 자신과 자기 문학에 대한 그 화창하고 도저한 자긍심—. 하지만 우리 대사 앞에 자리를 일어서지 않은 나에겐 과연 자신의 문학에 대한 그런 믿음과 자긍심이 넘쳐서였을까.

　하긴 그런 건 굳이 여기서 따질 일도 아닐지 모르겠다. 그게 무슨 자존심이나 긍지와 상관된 부분이 있는 사안이라면 내겐 실상 지금까지 말하지 않은 한 가지 또 다른 아쉬움이 남아 있으니까.

바깥엘 나가면 우리를 맞은 사람이나 단체에선 대개 우리가 그저 심부름 울력꾼이라는 사실을 알지 못한다. 그래서 환대도 보내고 이런저런 공동작업을 제안하기도 한다. 연전 프랑스의 발랑스 지역엘 갔을 땐 그곳 문화단체 사람들이 우리 소설을 연극으로 공연하고 싶다는 뜻과 함께 그림 동화집 발간도 추진해보자는 제안을 해온 일이 있었다. 작년에 멕시코의 문학인협회 사람들과의 회합에서는 한국 작가들이 멕시코에 체류하며 3개월 정도씩의 창작생활을 할 수 있는 숙식지원을 할 테니 한국 쪽에서도 상응한 방식으로 지속적인 문학 교류의 길을 마련하자고 제의했다. 그밖에도 우리 소설의 양국어 낭송 계획, 한국의 신화를 찾는 지방여행 구상 따위 여러 나라 작가와 문학관계자들의 다양한 제의가 있어왔다. 특히 멕시코에서는 우리 쪽에 '한국을 대표해 왔으니 당장 책임 있는 대답과 약속을 하라'고 밀어붙였다. 하지만 우리 쪽에서는 그에 대해 '시작이 반'이라는 한국 속담이 있는 바, '우린 이것으로 교류의 첫발을 내딛었으니 이미 절반을 이룬 셈이어서 앞으로 모든 일이 잘 되어 나갈 것'이라는 식으로 우리 속언을 빌어 얼버무리고 넘어갔다. 우리에겐 그런 약속을 이행하고 사업을 추진해나갈 실질적 대표성이나 능력이 없었기 때문이다.

지금까지 우리 문학 관련 기관이나 단체들의 해외 문학활동 지원 사업은 대체로 일회성 행사로 끝나는 경향이 있어왔다. 제법 계속적인 문학회의 참가 프로그램 같은 것도 매해 사람이 바뀌거나 회의 주제의 변동으로 인해 일관성이나 지속성이 덜한 경향이었다. 힘들여 뿌려놓은 씨앗에 계속 물을 주고 보살펴 열매를 거두려기보다, 한번 일이 지나가고 나면 이후론 다음 차례 기획이나 사람들 쪽으로 관심이 옮겨가버리는 식(물론 '수혜'의 공평성은 중요하다. 그걸 시비하자는 게 아니다)이다. 근자에 ㄷ재단, ㅇ재단 같은 몇몇 고마운 문학 지원단체의 사업 프로그램들은 적지 않이 일관성과 지속성을 유지해온 편이지만, 그 역시 아직 자신들의 지원으로 바깥으로 내보낸 작가들의 탄력적 대표성이나 우리 작품의 사후관리 사항 따위에 대해선 그다지 충분한 배려가 없었지 않았나 싶다.

하고보니 그런 처지에서 작가들이 자기 주제를 모르고 어디서 섣부른 제안을 내놓거나 약속을 받아들였다간 자칫 신의 없는 한국 글쟁이, 실없는 허풍쟁이로 낙인찍히는 낭패를 겪기 십상이다. 그럴 바에 누가 굳이 무슨 소리를 하고 무슨 약속을 하겠는가. 앞서 멕시코에서의 일을 제외한 다른 제의들에 대해선 우리가 어떤 약속을 하고 왔는지 확실치 않지만, 무언지 아직도 마음에서 지울 수 없는 묵은 숙제들이 남아 있는 듯싶은 데다, 더러는 이쪽의 하회를 기다리는 상대 쪽의 민망스런 물음에 괴로움을 겪곤 하는 처지에서 말이다. 거기서 무슨 자긍이나 자부심 따위가 가당키나 한 일인가. 아니면 이런 소리나마 나름대론 그 알량한 자존심의 소산인가.

그래 그런 울력 나들이에선 차라리 저 멕시코만의 망망한 해변 모래밭에 제주도에서와 똑같은 문주란 꽃이 하얗게 피어 있던 모습이나 요르단 쪽 사해 위에 떠오른 영롱한 칠색 무지갯빛들이 때로 더 소중하고 감회 깊은 기억으로 떠오르는지 모르겠다. 그리고 여행중에는 늘상 현지 풍물에 따르고 즐기라던 정현종 형이 핀란드의 어느 호텔 식당에서 우리의 전어 비슷하게 생긴 염장 생선을 시식거리 삼아 아침밥 찬거리로 테이블로 집어 왔다가 그 비린내에 큰 낭패를 본 일이나, 더하여 이탈리아의 아시시 식당에서 원조 스파게티를 주문했다가 이가 부러질 듯 질기고 식어빠진 철사줄 국수발에 쩔쩔매던 고소한 모습들 역시도. 왜냐하면 정 형은 그때 20일 가까운 유럽 일주 여정 동안 그 잦은 기념사진의 노역을 내내 내게 맡겨 놓은 데다(나중에 인화해준 그의 사진이 3백 장쯤 되었다) 국경을 넘을 때마다 새로 겪는 환전과 계산의 번거로움에도 불구하고 그 전대까지 내게 맡겨둔 처지에서 연방 나를 놀려대곤 했으니까. "야, 유다야. 가롯 유다야. 전대에서 돈 빨리 계산해라."

백두산엔 왜 가야 했나
—강물 이야기·3

언젠가는 꼭 한번 가봐야지—. 누구에게나 마음 속에 벼르고 지내는 숙제의 여행지가 한두 곳쯤 있게 마련이다. 그런 내 오랜 숙제 여행지 한 곳이 백두산이었다 한다면 차라리 싱겁고 진부한 소리가 될지 모르겠다. 하지만 어릴 적부터 지금까지 우리 애국가로 평생을 노래불러온 민족의 성산을 단지 구름 위에 떠오른 그림이나 사진으로밖에 보지 못한 아쉬움 이외에, 내 치졸한 소이 한두 가지를 덧붙이자면 이런 까닭도 있었던 듯싶다.

내게 아직 8·15해방의 기억이 생생하던 1950년대 초등학교 4, 5학년 무렵. 동화책 한 권 구해 읽을 수 없던 당시의 시골 벽지 학교에 어떤 경로로 해선지 『백두산의 비밀』(?)이라는 만화책이 한 권 돌아다녔다. 일제 강점기 백두산과 두만강 건너 간도 지역을 중심으로 일본군을 괴롭혀댄 마적단 활동을 그린 이야기의 주인공은 용감하기 그지없는 그 마적단 두목이었다. 그런데 알고 보니 그 마적단의 숨은 정체가 우리 독립군 조직이었고, 마적단 두목은 평소에 늘 남장을 하고 '사나이' 행세를 해온 여자 지휘관이었다. 어느 날 밤 백두산 깊은 골짜기 본거지로 숨어 돌아온 그 남장 사나이가 잠자리로 들면서 비로소 여자의 정체를 드러냈을 때, 그리고 마지막으로 변장용 색안경을 벗는 손바닥 안에 그려진 태극 문양이 나타났을 때의 놀라움과 감격이라니ㅡ. 그것이 누가 그린 만화였는지, 지금 내 기억이 옳은지 틀렸는지도 확실치가 않지만, 그때의 놀라움과 감격만은 아직도 생생하다. 그리고 이후 내 마음 속에는 그 '독립군의 백두산'이 알게 모르게 '애국가' 못지 않은 신화적 혹은 역사적 성산으로 자리를 잡아온 것이다. ㅡ언젠가는 그 산을 한번 가봐야겠지.

　두 번째 사연은 그 백두산을 신비롭고 아득한 성산의 신화성으로부터 실제 역사의 상상 공간 쪽으로 훨씬 가까이 이끌어준 일이었달까. 1982년 핀란드 여행중에 만난 국어학자 고송무 님(당시 그는 헬싱키대학에서 우리말본 및 뿌리 연구자로 알려진 람스테드 교수의 연구를 잇고 있었다)이 내게 '좋은 자료를 줄 테니 꼭 소설을 한편 써보라'는 조언을 해왔다. 하지만 그는 내가 소설을 쓰겠다는 약속을 하기 전에는 그것이 어떤 자료인지를 말하지 않겠다 입을 다물고 말았는데, 몇 년 뒤 학술회의차 서울엘 왔다가 털어놓은 걸 들으니, 당시로선 학계에서도 아직 연구가 충분치 못한 상황이던 홍범도 장군의 독립군 활동에 관한 것이었다. 그리고 이후 그는 이런저런 경로로 자신이 러시아 고려인 사회나 중국 쪽에서 접해 수집한 장군의 독립활동에 대한 새 자료와 소식들을 전하면서 내게 계속 관심과 흥미를 부추겼다. 90년대 들어 그가 갑자기 불행한 사고로 세상을 등지고 만 바람에 나는 끝내 그의 주문을 따를 수 없게 되고 말았지만, 그래 그 옛날 만화 속 비밀의 영산 백두산은 다시 홍범도 장군의 독립활동 무대와 관련하여 한 때의 꿈으로나마 내 소설적 상상공간 속으로 더욱 가까이 다가왔고, 그것은 내게 저 송우혜 님의 '홍범도' '윤동주' 전기물 지역들과 함께 우리의 역사적 성지 혹은 들춰지지 못한 순례서의 첫 표지화로 간직되어 온 것이었다.

  말이 길어진 김에(사실 이 이야기는 실제 여행담보다 이런저런 객담투 동기가 더 목적인 셈이다) 제법 글장이투 소이 한 가지를 더 덧붙이자면 그 백두산행은 내 한 졸작 소설에 대한 부채감 때문이기도 하였다. 이십 수삼 년 전 제주도를 무대 삼아 쓴 졸작 「이어도」를 발표했을 때였다. 앞집에 살던 외항선 기관사 이웃이 어떻게 나를 알고 찾아와 물었다. "당신 그 소설 제주도에 가보지 않고 썼지요?" 사실이 그랬기 때문에 혼자 거짓말을 한 것같은 느낌 속에 언젠가는 그 섬엘 한번 다녀와야겠다는 생각을 벼르고 있던 참이었다. 비슷한 경우로 가작 「세 동무」를 쓴 동업 이윤기 님도 그 작품 중에 나오는 산중 암자를 전에 가 본 일이 있는 듯 싶어 그곳이 어디냐 물으니, "나 실은 그 절 가보지 않고 썼어요"라며 몹시 쑥스러워하는 걸 본 일이 있었다. 그렇듯 작가들은 더러 자신이 실제로 가보지 못한 곳 이야기를 쓰는 일이 있고, 작품을 쓰고 나선 나중에라도 언젠가 그곳을 찾아가 현장을 확인해야 마음이 편해지는 모양이다. 그것으로 비로소 마음속에 작품을 마무리짓는 셈인 것이다.

「뚫어!」라는 제목의 내 짧은 단편도 이를테면 백두산에 그런 마음의 빚을 남기고 있었으니, 실제로 그 산엘 가보지 않은 채 한 친지에게 이야기를 듣고 쓴 작품이었기 때문이다. ……어느 친목모임 사람들이 함께 백두산 등정여행을 나섰는데, 70대의 한 회원이 굳이 그 노구를 이끌고 일행에 끼어들었다가 며칠간의 여정 내내 갑작스런 변비증세로 애를 먹어댔다. 그런데 마지막날 천지까지 따라 올라가 남쪽 하늘을 향해 서서 목청껏 '두만강 푸른 물에…….' 한 곡을 토해 부르고 내려와선 뜻밖에 그 변비기가 후련하게 터져 내렸다는 거였다. 굳이 다른 이야기나 글 장치 덧붙이지 않더라도 이 실향민 노인의 이야기는 그 자체로 충분한 상징성과 울림을 지닌 한 편의 소설이었다. 나는 별 힘들이지 않고 그 이야기를 정리하여 소설로 발표했고, 대신 그 노인의 이야기는 내게 남겨진 또 하나의 빚 무게로 그 백두산행을 짐 지워온 것이었다.

그다지 내세울 만한 명분이 없어 쉽게 풀릴 길이 없던 그 마음의 숙제가 해결의 길을 얻은 것은 좀 엉뚱한 계기로 해서였다.

나는 지금까지 글동네에서보다 비교적 일이 다른 바깥동네 친구들과 자주 어울려왔고, 술자리나 여행길 따위는 더욱 그래온 편이었다. 문학에 관련한 이야기나 분위기는 내 자신으로 해서도 힘들고 지겨운 터에 흔치 않은 여가 술자리 같은 데서나마 다른 세상 다른 정취를 취하고 싶어서 였는지 모른다. 그러니 그런 이웃 가운데엔 나와 일이 전혀 딴판인 처지가 대부분인 데다 나이도 비슷한 동년배에서 10년 내외로 차이가 지는 망년지교까지 가림이 없는 편이다. 길게는 수십 년, 짧게 잡아도 십 년을 훨씬 넘는 순수한 소일거리 객담과 세월의 벗들인 셈이다. 그 친구 몇몇간에 지난 1999년 내 갑년을 맞으면서 한 가지 별스러운 계획을 마련했다. "요즘 나이 예순에 옛날 노인네들 같은 동네 잔칫상 펴려 하지 말고 혼자 나서기 어려운 먼 외지를 골라 몇 사람씩 차례로 가족 여행이나 다녀오자." 그런 의논 끝에 그해 8월 초순 첫 목적지를 정하고 단체 여행길을 나선 것이 서로간 마음속 숙제로 지녀온 백두산과 인접 연변행이었다. 자동차 관계 교육 사업차 자주 드나들어 그쪽 연고가 많은 한 선행자 친구(앞에 말한 「뚫어!」의 소재를 제공한 바 있는 강석호 님)를 앞세워, 의료 연구조사 일로 수 년 동안 온 중국 벽지를 헤집고 다니면서도 왠지 백두산 쪽만은 마음이 썩 가볍지 않아 매번 뒷날 과제로 미뤄왔다는 40년 지기 소암 형(당시 그는 모 의과대학 학장직 퇴임을 앞두고 있었다)을 중심으로 소형버스 한 대 규모의 일행을 이루어서였다.

한데 여기서 다시 변명 삼아 덧붙이고 넘어가자면, 앞에서도 잠깐

비쳤듯이 그 백두산행의 주변 이야기를 이렇듯 중언부언하는 것은 다름이 아니다. 지난달 나는 무슨 일을 맡아 나가는 '울력 여행'이 얼마나 부담스럽고 피곤한 노릇인지를 말한 바 있거니와, 그에 비해 이번의 백두산행은 얼마나 마음 편하고 홀가분한 여정이었는지를 말하고 싶어서(여행길의 대비를 말하고 싶어서)다. 게다가 이미 많은 사람들이 가보고 경험했을 일들을 여기서 새삼 더 길게 늘어놓을 바도 없는 터임에랴.

하여튼 우리는 그렇듯 가벼운 마음으로 백두산과 연변 지역 '숙제 여행길'을 떠났고, 고급스럽지는 않더라도 우리 분수에 맞춰 가보고 싶은 곳 가보고 먹고 싶은 것 사먹어가며 그쪽엘 다녀온 사람들 대개가 거치고 경험했을 일들을 기대했던 대로 큰 불편 없이 함께 하고 돌아온 셈이었다. 서울 출발 뒤 북경에서 비행기를 갈아타고 들어간 연길에서는 '조선족'과 '북쪽 동포'들이 운영하는 식당에서 저녁을 먹으며 그 동포들의 노래와 춤을 구경했고, 백두산으로 향하던 길목 용정에서는 유서 깊은 '용정학교'와 윤동주 선생의 유물 유적, 조두남 선생의 '일송정 푸른 솔'과 '한 줄기 해란강'들을 둘러봤고, 다시 길게 이어져간 울창한 숲길 찻속에선 "짙은 안개와 구름에 가려 며칠에 한 번씩밖에 모습을 드러내지 않는 천지 구경을 하려면 마음을 곱게 먹고 간절히 행운을 빌라"는 안내인의 계산된 충고(사실 등정 시간을 요령 있게 관리하면 천지 구경이 그리 어려운 것은 아니었지만, 그 성산에 대한 기대와 마음가짐엔 그만한 정

성이 필요했는지도 모른다)를 들었음이 물론이다. 그리고 그날 오후 천지를 향해 오르는 차 속에선 사계절이 번갈아 이어지는 기후대와 식물분포(산 정상 추운 바람기 속의 키 낮은 고산식물대와 개화 모습이 유독 더 애틋해 보였다)의 변화를 단시간에 경험한 끝에, 드디어 우리는 그 대망의 백두산 천지를 눈 아래 마주하고 서게 된 것이다.

하지만 그것으로 우리의 백두산길이 다 끝난 것은 아니었다. 미리 들은 대로 이번에도 단 몇 분 만에 갑자기 심한 바람기와 검은 구름의 휘날림이 눈앞을 가려버려 우리는 다시 쫓기듯 산을 내려와야 했기 때문이다. 그리고 이튿날 아침, 산밑 숙소에서 잠이 깬 일행은 그 정봉 쪽의 하늘이 너무 드높고 푸르러 요기를 끝내는 대로 다시 두 번째 천지길을 올라갔고, 이번에야말로 안개나 구름 한 점 떠돌지 않는 맑은 시계 속에 충분한 시간을 머물며 '증명 사진'도 다시 찍고 붉은 색조의 작은 화산석 조각도 한두 개 주워 내려올 수 있었던 것.

그리고 이후엔 다시 연길 쪽으로 나오며 이곳저곳 주마간산격이나마 두루 도농간의 풍물을 구경하고, 마지막 북경 지역에서는 만리장성과 자금성, 천안문광장까지 빼지 않고 돌아볼 수 있었으니, 나는 이제 그것으로 우선 대충이나마 그 백두산과 한인들이 주류를 이루어 살아가는 중국 땅 한쪽 연변고을에 대한 마음속 숙제를 함께 해결한 셈이었다. 더욱이 나는 그 백두산 길에 전날의 졸작소설 현장 여관집을 직접 확인할 수 있었던 데다, 북경의 마지막날엔 그야말로 푸짐한 본토 '중국집' 음식과 오랜 벗들의 따뜻한 덕담 속에 망외의 이역 생일잔치까지 치를 수 있었으니, 그 거북스런 부담감도 허물도 있을 수 없는 정의로운 여행길의 해방감이라니.

하지만 돌이켜보면 못지 않게 아쉬운 대목이 남았음도 물론이다. "나는 뱃길로는 금강산 구경 안 가. 백두산도 남의 중국땅 길로 해서는 절대로 안 가!" 그런 고집스런 주장을 내세워 그 여행길을 끝내 외면해버린 해부학 전공의 우리 글 전용주의 친구가 있었다. 그 친구 말처럼 나는 우리 땅 앞길이 아닌 남의 땅 뒷길로 남의 백두산(그러니 실상은 중국의 장백산)엘 오르고, 그러자니 산 모습도 앞쪽의 우리 산 아닌 남의 산 뒷등 쪽만 보게 된 격이었다. 산이란 대개 남쪽을 향해 제 본 모습을 지어 앉게 마련이요, 우리가 늘 그림이나 사진으로 보고 익혀온 백두산도 이 나라 남쪽을 향해 앉은 모습이 아니던가. 그런 뜻에서 나는 백두산의 백분의 일, 천분의 일도 제대로 못 보고 온 꼴이니 어찌 아쉬움이 남지 않았겠는가. 게다가 그 같은 우리 여행기간 중엔 서울의 한 문인이 확인되지 않은 북녘의 누이를 만날 희망을 좇아 연길의 호텔방과 두만강변을 오가며 고심타가 끝내 허탕을 치고 돌아왔다는 우울한 풍문까지 접하게 되어, 나는 그 백두산뿐 아니라 연변길조차도 부질없이 헛거죽만 둘러보고 온 듯싶은 기분이었으니. 하기야 우리 한민족 정기의 원천이요 한국문학의 큰 화두가 안겨 있음에 분명한 그 산이 어찌 내겐들 그쯤 간단한

발걸음으로 작은 숙제의 짐이나마 쉽게 덜어줄 리 있겠으며, 몰지각 하고(?) 누추한 내 마음의 해방을 섣불리 허락할 수가 있었겠는가마는.

하고 보면 어떤 자의로운 여행길도 마음을 편안히 다 비우고 돌아올 귀로는 얻을 수가 없던가. 하지만 그 백두산 이후 내겐 그 비슷한 여정의 기록이 하나 남아 있다. 역시 내 '중국 숙제'의 한쪽이자 우리 광복활동의 큰 마당이었던 중국 대륙의 다른 남쪽 장강(양자강) 뱃길여행이 그것이다. 강물은 애초 산으로부터의 흐름이라, '강물 이야기' 제목 아래 엉뚱하게 백두산 이야기부터 늘어놓은 소이가 그 백두 성산에서 저 유장한 장강 뱃길까지 허허히 마저 흘러내림에 있었건만, 오늘은 이쯤 강 포구 여인숙쯤에서 잠시 노자를 아껴야 할 듯싶다.

다시 흐르고 싶은 장강長江 뱃길
— 강물 이야기 · 4

　1999년 봄, 김준성 선생의 미수 길 건필을 빌기 위해 몇몇 후진들이 공동 소설집(선생의 중편 「먼 그대의 손」이 책제였다)을 내고 자리를 함께 했을 때였다. 고향 학교의 선배이자 실업계 유지시던 K실업의 박정구 회장님(이후 2002년 작고)이 축하차 찾아왔다 초대면의 내게 한 가지 솔깃한 제안을 내놓았다.
　"언제 나하고 중국 구경 한번 안 가겠소? 산동성 쪽에 우리 공장이 나가 있는데 거기 함께 묵으면서 며칠 일대를 둘러보고 오면 이 형 글 쓰는 데에도 도움이 될 테구요."
　부담이 전혀 따르지 않는 선배의 호의를 내가 마다할 리 없었다. 그리고 그 약속은 이듬해 초여름 보다 모양새 좋게 이루어졌다. 때마침 K실업 계열의 아시아나 항공사에서 서울과 중경重慶 간 항로를 개설, 첫 취항 길에 오르게 되었으니 앞서의 산동성행은 뒤로 미루고 우선 그편에 중경 길부터 다녀오재서였다. 그것도 단순한 항로여행이 아니라 서안이나 항주 등지 그쪽 지역 관광은 물론, 중경에서부터의 긴 장강(양자강) 뱃길과 대규모 댐 공사로 미구에 물에 잠길 삼협三峽 유람이 예정되어 있었다.

그것은 내게 차라리 행운이랄 수 있었다. 지난달에 썼듯이 북경을 비롯해 동북 중국 쪽은 한 귀퉁이나마 이미 한 번 다녀온 일이 있으려니와, 내게 있어 소년 시절부터의 중국은 오히려 우리 임시정부가 있었던 상해나 중경 쪽이었던 데다, 서안이나 항주 같은 유서 깊은 경승지도 그쪽에 많이 자리하고 있었기 때문이다. 더욱이 장준하 선생의 『돌베개』와 김준엽 선생의 『장정』 『역사의 신』 같은 책을 읽으면서(1990년 발간된 『역사의 신』 말미에는 김준엽 선생의 인상기를 초해본 내 어쭙잖은 글이 자리를 함께 하는 영광을 누리기도 했었다) 저 『사상계』 시절부터 지금까지 그 '6천리 장정' 길과 마지막 중경 임정 청사 시절의 일화들은 두고두고 내 머릿속에 아득한 신화의 역사처럼 인각돼왔으니까.

그렇게 우리 선인들이 몇 달 몇 년씩 걷고 걸어 찾아갔던 고난의 중경 길을 우리는 최신 여객기를 타고 단 몇 시간 만에 훌쩍 넘어들어갔다. 그리고 그 무덥고 습기 많은 여름철 중경에서 제일 먼저 찾은 곳이 1940년부터 종전시까지 대한민국 임시정부 마지막 시대를 장식한 구 임정 청사였다. 나는 그 가파른 언덕 위에 아담하게 복원

된 옛 청사 안팎을 둘러보며 저 일본군을 탈출, 먼 중국 대륙 길을 고생고생 걸어 찾아간 김준엽 선생을 맞는 노 혁명가들(이 대목은 선생의 『장정』에 감격적으로 묘사된다)의 모습이 아직도 생생히 살아 숨쉬고 있는 듯한 감회 속에 그 시절 독립활동 관련 서적을 들출 때마다 수없이 접해온 장준하, 김준엽, 노능서 세 분의 광복군장 사진을 새롭게 떠올리지 않을 수 없었고, 전시실 정면 벽에 걸린 대형 태극기 앞에선 대한민국의 진정한 정체성과 건국정신을 다시 한 번 되새기지 않을 수 없었다. 더불어 서울에서 본 사진 속의 청사 앞 활엽수 한 그루가 훌쩍 자라 있는(그 나무가 같은 나무인지는 청사를 관리하는 중국인 책임자도 확인해주지 못했지만) 반여 세기 세월 앞엔 그간의 우리 사회와 국력의 신장을 되짚어봄직하기도 하였다. 그리고 그 해답의 일부는 그날 저녁 중경시 인민대극장에서 중국의 수천 청소년들을 열광시킨 우리 춤음악 그룹의 인기몰이(소위 한류열풍) 현상에서 어느 정도 유추해볼 수 있었다.

그러나 내가 지금 하려는 이야기는 그런 무슨 애국충정(?)에서가 아니다. 앞에서도 말했듯 이 이야기는 오히려 마음의 짐이 전혀 없었던 유유한 강 여정 쪽이니까.

어쨌거나 그 하루 중경에서의 일정을 끝내고 이튿날 아침 나는 한껏 편안한 마음으로 장강 뱃길에 올랐다. 북경 최고의 중국 권부 인사들이 이쪽엘 들를 때면 단골로 이용한다는 대형 국영 유람선에,

배 위에서 먹고 자고 유서 깊은 승지를 지날 때면 더러 작은 선박 편으로 상륙했다 돌아오기도 하면서, 2박 3일 내내 양안의 절경에 취해 대하를 함께 흘러내리는 항정航程.

물론 그 뱃길에 주위 일행이 없는 것은 아니었다. 나를 개인적으로 청해준 박 회장을 비롯 중경항로 개설과 더불어 장강-삼협지역 관광로 개척에 관심하지 않을 수 없는(내 짐작에) K실업 관계자들과 다른 초청자 몇 사람이 서울에서부터 여정을 함께 하고 있었다.

하지만 5층짜리 유람선의 3층 독실을 배정받은 나는 일행의 말없는 이해 속에 누구의 간섭이나 참견을 마음쓸 일이 없었다. 끼니때 되면 식당으로 내려가 밥 먹고, 술 생각나면 바로 찾아 올라가 술 마시고 내려오는 식으로, 모든 일정을 거의 내 마음내키는 대로, 그리고 대부분의 시간을 내 혼자만의 선실을 중심으로 한가로이 챙겨나갈 수 있었다. 드넓은 선창船窓가에 의자를 끌어다놓고 앉아, 혹은 방을 비울 때마다 신속하게 시트를 갈아놓는 정갈한 침대 위에 비스듬히 기대 누워 쉼 없이 스쳐 흐르는 앞뒤 양안의 천변만화경(강 뱃길은 선실에 누워서도 바라볼 수 있는 경관이 있어 바다 뱃길보다 좋은 데가 있었다)을 망연히 바라보면서. 그리고 더러 산세가 너무 높아지거나 강폭이 넓고 멀어지면 5층 갑판 매점으로 올라가 시원한 바람결 속에 맥주를 마셔가며.

그야 앞서도 말했듯 이따금 배를 내려 구경해야 할 곳에 이르면 잠시간씩 일행을 뒤따라 뭍나들이를 다녀올 때도 있었다. 중경을 출발하여 그 지상 절경 삼협곡 물길을 휘돌아 마지막 댐 지역에 이를 때까지의 긴 뱃길에서 그렇듯 작은 종선으로 갈아타고 올라가 스쳐 지난 곳 중에는 저 삼국지의 적벽 결전지와 영웅호걸들의 사당祠堂류에서부터 이태백과 두보의 기념유적, 심지어 옥황상제와 저승의 염라대왕 배관소 등등, 기억조차 다 더듬어낼 수 없을 정도다. 그럼에도 나는 더 많은 대부분의 시간을 배 위에서 혼자 지냈고, 지금도 그 시간들이 더욱 장원하고 새롭게 되살아나곤 하니, 그 거대한 흐름의 강 뱃길 유람이 흥취의 절정이었달밖에.

하지만 그때 내가 그 강물이나 주변 풍광에 취해 특별히 무슨 생각을 가다듬고 있었던 것은 아니다. 나는 원래 여행중에 사진을 찍거나 무엇을 적는 것을 싫어해온 편이라, 그때도 물론 보고 듣고 느끼면 그만, 그것을 굳이 기록해 남기고 싶은 생각이 없었다. 사실은 그럴 엄두가 나지도 않았고, 그것이 오히려 부질없는 마음의 훼손만 부를 듯싶었다.

그래 이따금은 그 거대한 강물의 흐름 앞에 무념무상 우두커니 앉았다간 저 '대 파노라마'니 '대하소설'이니 하는 말을 두고 공연히 자신을 향해, 네가 정녕 파노라마를 알았더냐, 대하를 보았더냐! 따위 느닷없는 탄식이나 내뱉었을 뿐이었다. 뿐더러 그런 가운데에도 뒷날의 아쉬움이 남을 때가 있을지 몰라 여행 일정표 뒤쪽에 두어 줄 낙서를 끄적거려보다가 그 필력의 졸렬하고 빈곤함에 스스로 부끄러워 자포자기 꼴이 되기도 하였다.

장강이 얼마나 흘렀을꼬
장강의 세월만큼 흘렀겠지
장강의 세월은 얼마나 흘러갈꼬
장강만큼 흐르겠지

용케 당시의 여행안내 기록물 봉투에 그런 낙서 몇 줄이 남아 있어 옮겨 적어본 것이지만, 그 유구한 대하의 흐름을 두고 사실 나는 이후에도 배를 내릴 때까지 여러 차례 그 동어반복투 단구 낙서를 고쳐 다듬어보고 싶기도 했었다. 하지만 도대체 더 이상의 표현을 얻지 못한 채 웬 무자선無字禪 벽에 갇힌 황두黃頭처럼 매번 같은 문자 속만 맴돌다 말았던 것—.

하지만 그 무념무상 지경 속에도 나는 그 시간들이 조금도 지루한 줄을 몰랐다. 지금에 와서 돌이켜보면 뭐니뭐니 해도 역시 그 양양한 강물의 흐름과 끝없이 이어지는 양안의 거봉들이 어우러진 천지조화의 넋을 빼는 경탄스러움 때문이 아니었나 싶다. 한마디로 '백발삼천척'과 '만만디' 두 말 속에 연상되는 중국인들 특유의 과장법과 여유로움이 한갓 공허한 허풍이나 나태성의 소이로 읽혀지지 않을 만큼 웅장 광활한 주변 연봉들의 엄청난 규모와 세월(특히 수백 미터씩 치솟아 흐르는 삼협계곡의 까마득한 암벽들이 보여주는 지각 변화의 역사!)에 대해서는 더 이상 마땅한 표현이 없거니와, 그 산세가 쉽게 범접할 수 없는 아버지의 위엄을 갖추었다면, 그에 비해 장강은 그 산세의 위엄 아래 온갖 고역을 감당하며 그 땅의 삶을 품어 일궈나가는 자애로운 어머니의 품성을 연상시켰달까. 멀리 서부 내륙에서부터 동쪽 끝 황해까지 수많은 곁강의 물줄기를 아우르며 굽이굽이 5천 8백 킬로미터 대륙횡단 길을 흘러내리는 중국 최장의 장강 물길은 어디서부턴지 이미 싯누런 갈색 흙탕물이 된 데다 드넓은 강역 주민들의 생활폐수와 쓰레기가 휩쓸려들어 온통 거대한 소용돌이를 이루어 흘러갔다.

중국인들은 그 쓰레기 투성이 황톳물에 크고 작은 배를 띄워 오르내리며 의연히(중국인들의 인식과 관련하여 그 흙탕 황색 물결을 환유한 '金濤號'라는 한 선박 이름은 그런 점에서 매우 인상적이었다) 고기를 잡고 먼 장삿길, 유람길들을 오갔다. 장강은 그렇듯 강역이 무너져 휩쓸려든 자연재해 유실물과 온갖 오염물들로 더럽혀져 흘렀지만, 바로 그 더러움을 씻어 안아 스스로 더러워져 흘러내림으로써 유역을 정화하고 다시 일으켜세워 제 백성들의 삶을 두고두고 온전히 이어가게 해온 모습이야말로 다름아닌 중국인들의 삶의 어머니, 그 위대한 어머니 강의 모습이 아닐 수 없어 보인 것이다.

그런 뜻에서 내겐 장강 뱃길이 그 여행의 시작이요 끝이었던 셈이다. 삼일째 되던 날 아침 마지막 물막이 댐 공사가 한창인 의창에서 배를 내린 일행은 인근 공항에서 다시 소주로 상해로 패를 나눠 새 여정들을 나섰지만, 나는 오직 그 강 뱃길 감회만을 안은 채 나머지 일정을 단념하고 곧바로 서울로 돌아오고 말았으니까. 그리고 그 귀로에서 나는 언젠가 저 진도 앞바다 새벽 풍광 앞에 '이제 바다 경관은 졸업이다'고 허풍을 떤 일이 있었지만 이번에도 '내 중국 구경은 이것으로 끝내도 충분하다'고 여러 번 읊조리고 있었으니까.

　천지강산이 온통 거대한 수반석을 이룬 것 같은 장관 앞에 이까짓 돌멩이 따위가 무엇이랴 스스로 초라해지는 가운데에도 저간의 버릇을 못 버려 구차하게 지녀온 강 돌 두어 조각밖엔 곁에 남은 것(고맙게도 회사에서 찍어 보내준 사진도 몇 장 있긴 하다)이 없지만, 돌이켜보면 모처럼 주위에 대한 부담도 마음속 숙제거리도 없이 임의롭고 화창한 여행이었던 셈이다. 하기야 마음이 너무 편하게 늘어지다 보니 때로 그 숙제에 대한 공연한 의구심이 아주 없었던 것은 아니지만.

　―정말로 아무런 주문이 없을까. 이런 여행 시켜주고 언젠가는 슬그머니 무슨 의논거리를 내놓는 게 아닐까.

　하지만 그것은 전혀 내 부질없는 기우에 불과했다. 나와 일정을 같이하여 함께 서울로 돌아온 그 회장 선배님이 공항에서 헤어지면서 내게 물었다.

　"어때요, 이번 길에 푹 쉬면서 좋은 작품이라도 한편 구상했어요?"

　그것은 물론 그의 주문이 아니었다. 자신의 소설 일에 대한 내 주문을 그가 대신한 것뿐이었으니까.

　이제 나는 그것으로 중국 구경을 끝내도 좋다 했던가? 게다가 나는 한 번 둘러본 외국 땅을 다시 찾고 싶어한 적이 별로 없었다. 물론 숙제가 많고 주위가 피곤했던 여정일수록에. 하지만 몸이나 마음의 숙제가 전혀 없었던 그 장강 뱃길만은 거의 유일한 예외가 되고 있다. 그 뱃길만은 꼭 한번 다시 가 흐르고 싶다. 그런 선배의 호의나 기회를 다시 바랄 수는 없으니 이번에는 물론 자신이 비행기표 값과 뱃삯을 내고서라도.

대중예술 시대와 문학의 위상
—강물 이야기·5

내 졸작 소설 「가위 밑 그림의 음화와 양화」에서 얼굴을 기억할 수 없는 선친의 일을 회상한 글을 보고 고우 김현 님이 짓궂은 악담을 했다. "어머니 이야기를 팔아먹다 팔아먹다 바닥이 나니까 이제는 다시 제 돌아가신 아버지를 팔아먹기 시작했더구먼."

그런 시비에도 불구하고 여기서 다시 한 번 그 어머니의 일을 되새기게 된다. 사람의 삶은 그 자체로 각기 한줄기 세월의 강물을 이루거니와, 지난 96년 95세를 일기로 돌아가신 노인의 세월은 뒷날까지 내게 매우 대조적인 두 가지 모습의 흐름을 남기고 있어서다.

그 90년대의 어느 해 가을, 노인이 아직 말년 치매기로 고생하고 계시던 때였다. 하루는 시인 이형기, 정진규 선생들과 함께 대산재단에서 주관한 전국고등학생 문예연수 모임에 자리를 함께한 일이 있었다. 그런데 다른 앞사람이 강의를 진행하는 동안 우리는 대기실에 남아 앉아 파적 삼아 사람의 나이 먹음과 이런저런 신병고에 대한 이야기를 나누던 끝에, 종내는 그 무렵 정도가 차츰 더해가던 노인의 치매기 앞에 자식으로서 이럴 수도 저럴 수도 없던 내 난감한 처지를 우스개식으로 털어놓게 되었다. 그리고 얼마 뒤, 나는 한 문예지에서 그날 이야기에 대한 정진규 선생의 다음과 같은 시를 접하게 되었다(말할 것도 없이 선생의 시적 이해와 변용을 많이 거치기는 했지만, 대충이나마 그 자리의 분위기와 치매 이야기의 내용을 소개하기 위해 시 전문을 인용한다).

　　눈물
　　　　　　　　　　　　　　정진규

　　소설가 이청준이 내게 들려준 이야기인데, 나긋나긋하고 맛있게 들려준 이야기인데, 듣기에 따라서는 아주 슬픈 이야기인데, 그의 입술에는 끝까지 미소가 떠나지 않았는데, 그래서 더 깊이 내 가슴을 적셨던 아흔 살 어머니 그의 어머니의 기억력에 대한 것이었는데, 요즈음 말로 하자면 알츠하이머에 대한 것이었는데, 지난 설날 고향으로 찾아뵈었더니 아들인 자신의 이름도 까맣게 잊은 채 손님 오셨구마 우리집엔 빈방도 많으니께 편히 쉬었다 가시요 잉 하시더라는 것이었는데, 눈물이 나더라는 것이었는데, 가만히 살펴보니 책을 나무라 하고 이불을 멍석이라 하는가 하면, 강아지를 송아지라고, 큰며느님더러는 아주머니 아주머니라고 부르시더라는 것이었는데, 아, 주로 사물들의 이름에서 그만 한없이 자유로워져 있으셨다는 것이었는데, 그래도 사물들의 이름과 이름 사이에서는 아직 빈틈 같은 것이 행간이 남아 있는 느낌이 들더라는 것이었는데, 다시 살펴보니 이를테면 배가 고프다든지 춥다든지 졸립다든지 목이 마르다든지 가렵다든지 뜨겁다든지 쓰다든지 그런 몸의 말들은 아주 정확하게 쓰시더라는 것이었는데, 아, 몸이 필요로 하는 말들에 이르러서는 아직도 정확하게 갇혀 있으시더라는 것이었는데, 몸에는 몸으로 갇혀 있으시더라는 것이었는데, 거기에는 어떤 빈틈도 행간도 없는 완벽한 감옥이 있더라는 것이었는데, 그건 우리의 몸이 빚어내는 눈물처럼 완벽한 것이어서 눈물이 나더라는 것이었는데, 그리곤 꼬박꼬박 조으시다가 아랫목에 조그맣게 웅크려 잠드신 모습을 보니 영락없는 子宮 속 태아의 모습이셨다는 것이었는데

다름아니라 노인의 한 생애의 흐름, 그 세월의 마지막 자락 모습이 사후에도 그 시 속에 고스란히 다시 흐르고 있는 것이었다. 게다

가 그 시는 뒷날 우리 한문학의 달인 정민 형이 어디선지 찾아 읽고 좋은 글씨로 써 보내 주었으니, 나 또한 두고두고 그 세월을 앞에 하며 함께 흐르는 격이라 해야 할지.

"할 수 없어요. 이제 우리가 얻은 신병은 쫓아 나으려기보다 살살 달래 가며 몸과 함께 지니고 살다 가는 길밖에요."

그날 일을 되새기다 보니 당시부터 몸이 퍽 불편하시던 이형기 선생의 달관스런 말씀이 떠오른다. 병고가 더해가신다는 소식에 마음이 아플 뿐이지만, 이 자리를 빌어 재삼 선생의 쾌유를 빌어드리고 싶다.

노인의 또 다른 세월의 모습은 더러 알려진 대로 이번엔 노인 사후에 임권택 감독님이 찍은 영화 「축제」(동명의 내 소설도 있지만 여기선 논외로 하기로 하고) 속에 담긴 것이다.

1994년 가을 노인이 돌아가시고 한달쯤 뒤였다. 그 한 해 전에 상영된 영화 「서편제」에 대한 마무리 평가 일로 어느 날 아침 임 감독과 내가 함께 광주행 비행기를 타게 되었는데, 노인의 장례를 치른 지 얼마 되지 않던 때라 둘 사이의 분위기가 아무래도 좀 무거울 수밖에 없었다. 그래 나는 비행중에 노인 치상 과정에서의 갖가지 일화들을 짐짓 우스개 투로 가볍게 늘어놓았다. 그런데 광주에서 비행기를 내려 시내로 들어가는 차 안에서 임 감독이 그 노인의 장례과정을 영화로 찍고 싶다는 의향을 내비치며 내 조력을 청해왔다. 나

는 처음 영화를 찍는 일이 노인을 또 한 번 돌아가시게 하고 나 역시 장례를 두 번 치르는 일로 여겨져 사양을 했지만, 임 감독의 간곡한 설득을 이겨낼 수는 없었다.

이후 우리는 이야기 구성에 대한 몇 달 간의 의견교환을 거쳐 임 감독 쪽은 시나리오 구성과 촬영 작업을, 내 쪽은 소설을 써나가는 동시 작업을 시작했고, 그 영화와 소설 작업간의 지속적인 상호대화 작업 끝에 일 년여 뒤에는 노인의 생애와 그 흐름의 끝자락이 담긴 영화 「축제」와 동명 소설의 완성을 보게 되었다.

하지만 앞서의 정진규 선생 시에서와 마찬가지로 나는 물론 여기에서 그 영화나 소설에 담긴 노인의 생애를 늘어놓으려는 것이 아니다. 노인의 생애 속에 담긴 세월의 흐름보다 그 영화와 소설의 동시 작업 가운데에 나를 스쳐간 한 가지 각별한 느낌 또한 이 시대의 큰 변화와 흐름에 대한 것이었으니까.

소설과 영화의 동시 작업 과정에는 양자 간에 자주 그 이야기 줄거리나 세목들의 조정과 수정 작업이 필요했다. 하지만 그 조정작업은 대개 이야기가 앞서 나가게 마련인 소설 쪽이 될 수밖에 없었다. 제작비나 동원 인원, 소비층의 규모 면에서 소설이 가내 수공업 수준이라면 영화는 대기업 사업에 해당한 격이었다. 그 장르 간의 현실적 힘의 격차 속에 영화 위주의 작업을 진행하다보니 그쯤 소설의 위상 후퇴(?)는 불가피한 처지였고, 인하여 나는 전일 대중오락 소비예술물 정도로 이해했던 영화에 비해 우리 문화예술 장르의 총

아로 사랑받던 2, 30년 전까지의 문학의 위상과 자존심을 되돌아보지 않을 수 없는 처지였달까.

하지만 그 작업은 또한 내게 못지않게 독특한 장르적 체험이기도 하였다. 작업을 하다보니 영화에 앞서 나간 소설의 줄거리를 나 역시 늘 영화에 맞춰 고치거나 버릴 수가 없었고 또한 그럴 필요도 없었다. 소설과 영화의 일이 상호대화 속에 함께 나아가더라도 그 소설이 반드시 영화와 같을 필요까진 없었기 때문이다. 영화가 앞서 나간 소설과 다르게 진행되어가는 부분이 생기면, 소설은 그 다른 부분을 그것대로 함께 아우르고 다음 부분부터 다시 영화 쪽과 보조를 맞춰 나아가는 조정 형식을 취하면 되는 일이었다. 하여 나는 그런 불일치가 생길 때마다 시나리오 자료 제공자로서(소설에서의 화자를 그렇게 설정했다) 영화 감독에게 띄우는 서신 형식을 빌어, 그 차이를 해명하고 불일치를 해소해나가는 형식의 조정기법을 고안해 냈다. 하지만 소설 속의 그 서신은 물론 영화감독보다 독자에 대한 설명의 효과를 거두게 되고, 하여 그 독자 쪽은 작가(소설 속의 시나리오 자료 제공자)와 함께 미확정의 미래 이야기 진행에 동참하는 일종의 공동창작 형식—, 소설과 영화의 공동창작 과정에서 소설 장르 고유의 새 창작 형식이 개발된 셈이었다. 이전에는 거의 상상해보지 못한 내 소설 형식의 변화이자 체험이 아닐 수 없는 것이다.

대량소비 구조의 영상서사 장르와 새 인터넷 담론 시대의 위세 앞에 나날이 쇠락하고 무기력해져가는 활자문화와 문학의 운명을 한 번쯤 돌이켜보지 않을 수 없어 되더듬어본 생각들이다.

하지만 그 문학과 영화 종사자가 만나는 세상 가운데에서의 위상의 격차는 차라리 유쾌한 풍경(속)화 쪽이었달까.

「서편제」와 「축제」 제작 시에 임 감독과 나는 둘이 함께 고속도로도 달리고 숙식을 이웃하게 되기도 하였다. 그렇게 고속도로를 달리다 휴게소에라도 들러 목을 축이게 될 때면 나는 몰려드는 팬들을 피하기 위해 임 감독을 멀찌감치 외딴 자리로 이끌고 가서 내 몸으로 그 앞을 가려 앉곤 하였다. 하지만 그도 대개는 별 무효과로 이내 사람들이 몰려들어 알은체 소리를 건네거나 사인을 청하는 일이 많았다. 그리고 그런 때면 더러 임 감독은 한 곁에 식은밥 꼴로 기다리고 서 있는 내 쪽을 가리키며 '저 사람을 아느냐, 저 사람도 썩 이름 있는 소설가니 사인을 받으라' 권하며 자리를 비켜서보려 하기도 했지만, 내 따위 글쟁이 얼굴을 알아볼 사람이 드물다보니 그도 대개는 허사가 될 수밖에. 데면데면 반응 없는 표정들이 그 임 감독을 외려 더 민망스럽게 했을 뿐이었다.

한번은 식당엘 들어가 음식을 주문하고 앉아 있으려니 이윽고 음식상을 차려들고 나온 주인아주머니가 임 감독을 알아보고 반긴 끝에 다시 안으로 들어가 그 집 특유의 반찬류를 한 접시 마련해 들고 나와 임 감독 앞으로 놓아주며 맛이나 좀 보고 가랬다. 그런데 그 여자가 잠시 자리를 비운 사이 임 감독은 자신만 먹으라는 뜻으로 바

싹 코앞에 놓아준 그 찬 접시를 슬그머니 내 쪽으로 밀어 놓았다. 하지만 잠시 뒤 다시 자리를 살피러 들어온 여자가 그새 접시가 엉뚱한 데로 옮겨져 있는 것을 보고는 내 염치없음을 나무라듯 '이건 감독님 맛보시라는 거라니까요' 소리와 함께 그걸 가차없이 제 자리로 끌어다 놓는 데에는 임 감독도 그저 웃음을 지었을 수밖에.

그 임 감독이 촬영현장에 나타난 안성기 님 앞에 이번엔 자신이 보기 딱한(!) 찬밥 신세가 되는 경우도 있었다. 하루는 오후 수업을 끝낸 인근 중학교 아이들이 떼거리로 촬영현장으로 몰려들어 안성기 님 친필 사인을 받으려 소동을 빚는 뒤에서 임 감독은 하릴없이 하늘만 쳐다보고 있었다. 그걸 보고 내가 장난삼아 물었다. "어때요? 졸지에 쉰 찬밥 신세가 되신 기분이?"

그리고 역시 농담기 좋아하는 임 감독은 짐짓 심기가 편치 못한 채 이렇게 응수했다. "거, 남의 우스운 처지 보고 좋아하는 심보는 또 뭐요."

하지만 그도 다 끝이 아니었다. 며칠 뒤에 자기 배역 분의 촬영을 위해 내려온 오정해 님 앞에선 안성기 님이 다시 찬밥 꼴이었다. 새 '스타'에게로 몰려든 아이들의 극성을 못 견뎌 오정해 님은 숙소 대문 앞에 지킴이까지 세우고 집 안 깊숙이 몸을 피해 들어앉아 있는 판에 안성기 님은 누구의 눈길도 받음이 없이 임 감독이나 나와 같은 전날의 뒷자리 찬밥 신세 처지로 합류해온 것이었다. 그 안성기 님을 보고 이번에는 임감독이 고소하다는 듯 농을 건넸다. "그래, 이젠 갈데 없는 찬밥 신세가 된 기분이 어때?"
 이미 다 알고 있고 당연한 일로 받아들인 일이긴 하지만, 이 대량 수요 대중예술시대의 유쾌한 인기사슬 풍경화 앞에 문학이나 문학인은 무슨 말을 해야 할지.

나무들도 흐르고 떠나간다
― 나무 이야기 · 1

1962년 대학 2학년 과정을 끝내고 난 초겨울녘 어느 날. 방학을 맞고서도 어디 마땅히 갈 데가 없어 찬바람 스산한 동숭동 교정을 어슬렁거리는데, 마침 문리대 신문사 사무실을 숙식처로 삼고 지내던 K형(당시 우리는 한 캠퍼스 동기생이었다)이 나를 알아보고 불렀다. 술이나 한잔 사려나 싶어 반갑게 달려가니 웬걸, 그는 미리 사무실 문 앞에 내어다 놓은 몇 개의 빈 김치단지를 가리키며 멋쩍은 웃음기와 함께 이런 부탁을 해왔다.

"그러지 않아도 손을 좀 빌릴 사람을 기다리던 참이었지. 이 단지들 말야, 지난 여름방학 끝나고 상경할 때 김치랑 부식거리를 담아 온 것들인데 이제 다 먹어버렸거든. 빈 단지들을 가지고 내려가야 봄철에 다시 속을 채워올 텐데, 이걸 어떻게 혼자 서울역까지 메고

갈 수가 있어야지."

그런데 그 빈 찬거리 단지들을 나눠들고 서울역까지 따라가보니 그곳 분위기가 분위기라 이번에는 맘놓고 드나들 숙식처가 없는 나까지 주책없이(시골 쪽도 맘 편히 찾아갈 데가 없었으니까) 마음이 들뜨기 시작했다. 그래 다시 두 사람 주머니를 털어 길동무 삼아 그의 고향 남쪽 S시까지 따라갔다가, 며칠 뒤 중고등학교 시절 친구들이 많은 광주 쪽엘 올라가보니 이 친구들, 대학 재학생 군복무 단기 혜택이 끝나가던 무렵이라 그 시기를 놓치지 않기 위해 이십여 명이 함께 집단입대를 서두르고 있었다.

그러지 않아도 다음 학기 등록금 마련이나 숙식계책이 막연하던 내게 그것은 잠시 눈앞의 급한 숙제를 비켜설 고마운 기회였다. 나는 곧 시골 고향마을로 내려가 입대 지원에 필요한 서류를 뗀 다음, 그 무렵 누님네 집을 떠돌며 지내던 어머니께는 다시 서울로 간다는 인사를 남기고 광주로 올라가 그 길로 친구들과 한데 섞여 논산행을 하고 말았다.

그리고 논산벌 훈련병생활을 두 주일쯤 치르고 나서 겨우 제정신을 찾고보니 나는 비로소 서울 쪽 일들이 걱정되기 시작했다. 나는 곧 서울의 한 친구에게 휴학 따위 학교 쪽 일을, 그때까지 내가 잠자리를 의탁해온 마포 변두리 동숙인에게는 내 소지물들을 부탁하는 우편엽서를 보냈다. 그런데 한 주일쯤 뒤, 학교 친구에게서는 내 입대를 의외시하는 위문편지가 온 데 반해, 마포의 동숙인에게 보낸

엽서는 '수취인 불명'이라는 사유가 적힌 채 그대로 반송돼오고 말았다. 제대를 하고 나와 그의 시골동네로 찾아가보고 안 일이지만, 그는 뜸뜸이나마 밖에서 끼니 마련을 해오곤 하던 내가 갑자기 소식 없이 사라지고 말자 더 이상 혼자 버틸 재간이 없어 며칠 뒤 어느 이웃 지면에게 내 짐을 떠맡기고 고향으로 내려가고 말았다는 것. 하지만 나중에 찾아가보니 짐을 맡았다는 그 이웃마저 종적을 찾을 길이 없었으니, 그것으로 나는 내 지난날이 아무 흔적도 남지 않은 일종의 '무적자' 신분이 되고 만 것이었다.

하여 이후 내가 옛날의 짐을 되찾기 위해 그 사람의 종적을 좇아 애를 썼음은 물론이었다. 어느 집에 가정교사를 들어가려도 책상이나 침구류 따위 짐다운 짐이 없으니 입주가 불가능하고, 묵은 책가방이나 노트장 한 장이 없으니 때로는 학생의 신분마저 의심을 받곤 했다. 하지만 그보다 자신을 통째로 잃어버린 듯한 허망한 부재감은 나를 더욱 남루한 무력감에 젖게 했다.

그렇게 몇 년이 지나도록 위인의 종적을 못 찾고 지내던 1966년 가을쯤 드디어 한 가지 그럴듯한 방책이 생겼다. 그 무렵 나는 갓 소설활동을 시작한 때였는데, 한번은 당시 유일한 주간지로 장안의 인기를 독점해온 『주간한국』에서 소설 원고를 청탁해왔다. 나는 그 위인과 비슷한 이름의 주인공을 등장시켜 그 입대 전 짐들을 잃어버린 과정을 담아 「나무 위에서 잠자기」라는 소설을 한 편 썼다. 그리고 비록 짐을 돌려받지는 못했지만, 『주간한국』에 그 소설이 실려나간

지 며칠 만에 나는 그 사람을 만날 수 있었다. 일간지를 읽는 서울 사람이면 거의 다 사볼 정도의 주간지에서 자기 비슷한 이름과 내력이 담긴 이야기를 그 사람이 읽게 되면 행여 연락을 줄지 모른다는 내 희망과 계책이 적중한 것이었다.

제목에 보이듯이 그 소설엔 한 그루의 나무 이야기가 나오는데, 그 나무는 옛날부터 내 시골 마을에 서 있던 열 길 가까운 높이의 팽나무 거목이었다. 그런데 날씨가 무더운 여름철이면 그 나무를 타고 올라가 옆으로 튼튼하게 갈라져 뻗어나간 두 가지 사이에 몸을 끼여 뉘고 시원한 낮잠을 즐기는 사람들이 있었다. 나는 그것이 아슬아슬하기도 하고 신기해 보이기도 하여 사람들이 일터로 떠나가고 나면 나무 위로 기어올라 여러 번 그걸 흉내내보려 했지만, 그때마다 잠은커녕 가슴이 지레 조마조마하여 몇 분을 못 넘기고 다시 몸을 일으켜 내려와 버리곤하였.
하지만 그것은 내 나무 오르기의 시작이었고, 그로부터 나는 집안 식구들로부터 '염소새끼'라는 별명과 함께 심한 책망을 자주 들었을 만큼 가는 가지 끝까지 위태로운 나무타기를 좋아하게 되었고, 그런 가운데에 때로는 한나절씩 우거진 잎새 사이에 숨어 익은 팽열매를 따 먹으며 마을 밖 멀리까지 트인 넓은 조망을 즐기곤 하였다(지상에서와는 다른 그 조망의 즐거움은 졸작 「날개의 집」에서 톡톡히 써먹은 바 있다). 시인 황동규 형의 시에 '바퀴를 보면 굴리고

싶다'는 구절이 있듯이 나는 높은 나무를 보면 한번 기어오르고 싶은 충동이 일곤 할 정도였으니까.

하지만 알고 보면 그런 나무타기 버릇은 특별히 내게만 있었던 별난 취미가 아니었다. 시골 농촌에서는 그게 하나의 일상적 놀이이자 생활방편이었다. 농촌살이 가운데선 감이나 밤 따위 가지 끝의 열매를 따기 위해 높은 과수를 올라가야 하고, 땔나무 가지치기나 솔방울을 털기 위해서도 높은 소나무를 타고 올라야 했다. 왜가리나 까치 따위 야생조들의 알을 얻기 위해서도(그 시절 시골에는 그런 야생조들이 많았던 데다 더러는 민방약재를 얻기 위해서나 밤 추렴거리로 둥지 속의 알뿐 아니라 어미새까지 잡아내리는 일이 흔했다) 능숙한 나무 오르기 솜씨가 필요했다. 오죽하면 그 시절 초등학교 운동회에서마저 나무기둥 오르기 경기가 시골에선 단골 종목으로 등장하지 않았던가. 그러니 그런 내 나무타기 취미는 특별한 것이 아니라 차라리 그 시골살이 정서의 일상화 과정인 셈이었다.

시골내기 의식, 혹은 농경민 정서와 상상력의 일종이랄 수 있을까. 나는 그때부터 지금까지 그 팽나무를 비롯하여 수없이 많은 나무들을 내 마음 속에 품어 심고 살아온 꼴이다. 그리고 고우 김현이 일찍이 "떠남과 되돌아옴"의 감싸기 모습이라 말했듯 내 소설 또한 끊임없이 그 시골의 고향 동네로 돌아가 그 나무들과 대지의 삶을 살고 싶은 귀향의 꿈을 계속해오고 있는 것이다.

하지만 그 꿈은 말 그대로 마음속 소망일 뿐 현실적인 실현이 불가능한 것이다. 그래 나는 이 도회살이에서도 그 꿈의 그림자를 거두듯 이런저런 사연의 화초목들을 거둬 모으고, 그 사연에 담긴 친지들의 이름이나 얼굴과 함께 그것을 오래도록 건사해가고 싶어하는지 모른다. 지금 우리 아파트 베란다의 화초목 중에 길게는 수십 년씩 그 모습 그대로 긴 세월을 함께 해온 것들이 있으니까.

한 마디로 이 모두가 쉽게 떠나고 사라짐을 싫어하는 내 붙박이 식물성 의식, 또는 농경민 정서의 상상력과 무관하지 않을 것이다. 하지만 산야지 나무나 집 안의 화초목들이라고 어찌 떠남이나 사라짐이 없을 것인가.

1950년대 초 내가 다니던 남해안 바닷가 학교 앞 언덕에는 일제 때 심었다는 고목 벚나무가 즐비했다. 봄이면 언덕을 뒤덮는 그 벚꽃 무리는 학교 운동회를 알리는 상징물처럼 여겨졌다. 그런데 학교를 졸업하고 십여 년 뒤 다시 찾아가보니 그 벚나무들은 베어져 없어지고 대신 뿌리내림이 왕성한 아카시아 숲이 언덕을 뒤덮고 있었다. 하지만 그것도 잠시, 다시 십여 년 뒤에는 그 아카시아 대신 잎넓은 플라타너스가 자리를 대신했고, 요즘엔 그 플라타너스들도 둥치나 잎 피움이 시들시들 지저분하게 늙어가기 시작했다. 벚나무 이전에 언덕을 지키다 사라졌을 방풍림까지 헤아리면 그 세월의 무상한 흐름이라니! 뿐만이 아니다. 어렸을 적 옆을 지날 때마다 한 차례씩 고개를 뒤로 잔뜩 꺾어 쳐다보게 했던 까마득한 높이의 마을 고갯길 천지목(사자의 관을 켤 만한 큰 소나무를 옛 어른들은 그렇게 불렀다)도 사라진 지 오래였고, 앞서 말한 내 고향마을의 팽나무도 몇 년 전 영화 「축제」를 찍을 때 가보니 가지들이 많이 상한 채 늙고 남루한 모습을 하고 있었다.

되풀이되는 소리지만, 떠나가고 사라지는 것이 그 산야의 큰 나무들만이 아님은 물론이다. 그리고 매우 당연한 노릇이겠지만, 그 떠나가고 사라지기로 말하면 나무들보다 사람의 일이 자주 앞서는 것을 보게 된다. 우리 집 화초목을 볼 때면 더욱이 그런 생각을 자주 하게 된다.

어디선가 잠시 소개한 일이 있는 듯싶지만 우리 집에는 수조에 담가 기른 행운목이 30년 가까이 아름다운 꽃을 피우고 있다. 1970년대 초반 외항선 기관사 일을 다니던 한 이웃이 당시엔 처음 보는 그 남태평양 지역의 임간 기생목 한 토막을 가져다 준 것으로, 그 나무는 아직 해마다 꽃을 피우는데, 그걸 전해준 그 이웃의 소식은 끊어진 지가 까마득하다(그 이상주 님은 지금 어디 살고 있는지). 뿐만 아니라 수십 년 마음 이웃으로 지내오던 친구가 심어 보낸 풍란 무더기 역시 해마다 그 맑은 향기와 함께 애틋하기 그지없는 자태의 흰 꽃들을 피우건만, 그 친구는 세상을 떠나간 지 십 년이 가까워지고, 그를 위한 내 마지막 마음을 적어 새긴 비문엔 어언 이끼 색깔마저 창연하다. 기십 종을 헤아리던 난분들에 개화가 시작되면 미리 날짜를 잡았다가 술자리를 마련하곤 하던 때가 40대 때부터였던 듯

싶은데, 이제 그 포기 수는 많이 줄은 대로 꽃철은 여전하건만 소식을 전해 청할 벗은 많지 않으니 그 향기와 고운 화색도 옛 빛깔과 구실을 잃고만 느낌이다. 나무나 화초가 우거지고 꽃을 피운들 그 앞에 인연과 정의를 나누던 사람이 떠나고 말면 그 나무나 꽃들 또한 내 마음을 떠나가는 것이다. 흐르는 세월 따라 스스로 늙어 죽거나 제 내력과 구실을 잃음이 세월의 독이 되어 마음 속에 시들거나, 나에겐 그것이 잊혀 멀어짐이요 떠남이 아니고 무엇이겠는가.

『나는 너무 오래 서 있거나 걸어왔다』 우리 동시대의 큰 문장 이문구 형에게 2년여 전 〈동인문학상〉의 영광을 안겨줬던 소설집 제목이다. 고향고을 사람들의 삶의 모습을 빗대어 제목을 삼은 이 작품집 속의 갖가지 나무들은 바로 이문구 형 자신 속의 나무들이었으리라. 하지만 그 나무들의 청청함에도 불구하고 그는 이미 어떤 떠남에의 예감이 있었던 것인가. 다름아니라 이 글을 초하던 중 26일 아침 나는 그의 부음을 듣고 황황히 문상을 다녀온 데다, 돌이켜보니 그 책제의 '나무' 또한 지극히 달관적이면서도 그 때문에 어딘지 좀 피곤한 관조기의 그림자가 어린 듯싶어져서다. 형의 삶과 문학에 대한 경의와 추모의 정은 따로 나눌 자리가 있으리라 여겨지거니와 비례를 무릅쓰고 그날 빈소를 다녀오며 느낀 내 어줍잖은 심회 한 가지를 빌어 말하면, 그 허망스런 동년배의 떠남 앞에 나 또한 이제는 자신의 삶에 대한 심정적 방어벽을 길게 지탱하기 어려워지고 있는 듯싶은 심사 때문이리라. 그래서 우리 시골에서는 어느 정도 나이가

들면 연하자의 문상은 물론이려니와 더러는 동년배의 빈소조차 발길을 삼가는 것을 허물할 수 없는 관례로 삼아오기도 하는 모양이지만.

  산 자들은 그렇더라도 살아 있는 동안엔 여전히 청청한 나무 한 그루를 마음에 지닐 일이다. 그리고 자신의 지난날과 남은 삶의 여정을 위해 그 나무를 모쪼록 건강하게 지켜가기를 깊이 소망할 일이다. 이윽고 때가 되어 자신도 그 헤어짐과 떠남과 사라짐의 길목에 이르기까지는. 이는 물론 나 자신을 위한 기원과 다짐으로 삼고 싶은 소리에 불과하겠지만, 우리가 비록 그 생명의 싸움에서 먼저 시들어 떠나가더라도 그 기도와 사랑만은 잃지 말아야 할 터이므로.

시인, 화가와 고향 봄길을 가다
— 나무 이야기·2

 필자의 향리 가까이에 위치한 장흥長興고을 천관산天冠山 동쪽 기슭에는 초기 실학자 존재存齋 위백규魏伯珪 선생의 학덕과 연고가 깊은 장천재長川齋가 자리해 있고, 그 앞 계곡 가에 수령 6백 년을 헤아리는 큰 노송(흔히 '太古松'이라 불린다) 한 그루가 서 있다. 그 수령이나 위용으로 따지면 말이 좀 다를 수 있겠으되, 신기神氣 어린 백송白松을 연상케 하는 거북등 무늬의 아름다운 수피나 힘찬 용틀임으로 솟구쳐오르고 일필휘지 군세면서도 온화한 문인화풍으로 뻗쳐내린 기상과 서기 넘치는 자태로 말하면 단연 이 강산 제일의 소나무라 나 혼자 믿어오는 거목이다. 하긴 이건 내 혼자 생각만도 아니다. 한평생 무등산 계곡에 들어박혀 우리 그림을 그려온 필자의 한 벗(아호가 '谿山'이다) 또한 젊은 시절 새해를 맞을 때마다 이 소나무를 찾아가보고 마음속에 자신의 일 년 그림공부거리를 얻어오곤 했다 하였다. 그 소나무 위쪽 골짜기론 이른 봄철 '억장이 무너질 것 같은' 붉은 동백꽃 숲이 이어져 있어 계산의 그런 고백이 아니더라도 필자 역시 그 동백꽃 구경을 겸해 언제부턴지 매해 꽃철을 택해 그 장천재와 소나무를 한 번씩 찾아가보곤 해온 처지였다.

그러던 차 지난 새해 어느 날 저녁. 동향배 서너 사람이 신년하례 자리를 함께한 일이 있었다. 그리고 새 화풍의 우리 그림을 그리는 김선두金善斗 형과 정감 넘친 남녘말 정서의 시어詩語에 일가를 이룬 김영남 시인, 소설쟁이 필자들이 취흥을 나누던 끝에 그 자리에서 이런 의논이 이루어졌다.

—우리는 지금까지 환쟁이 눈, 시쟁이 눈, 소설쟁이 눈 따위 각자 자신의 눈으로 고향을 보고 읽어온 터이다. 올해는 한번 우리 세 사람의 눈으로 고향을 함께 읽어보자. 고향의 산하와 사람들과 그 삶의 속살을 한번 만나보자.

하여 날짜를 잡아 그 세 사람에다 같은 고을 태생은 아니지만 전날부터 한두 번 그쪽 길을 함께 해온 비평안批評眼 이만재李萬才 형을 마부역 동행 삼아 네 사람 일행으로 길을 나선 것이 지난 3월 28일. 마침 그 태고송이 새 봄기운을 머금기 시작하고 장천재 골짜기 동백꽃 숲이 한창 붉게 타오를 시기였다. 하지만 여기서 그 2박 3일 간의 여정을 모두 늘어놓을 일은 없을 터이고, 다만 계절이 계절인만큼 그 고향고을의 화신(花信 : 여기 그 태고송의 봄소식도 포함된다)과 사람들을 중심으로 네 사람이 함께 나누고 온 감회 몇 가지만을 소개해보고 싶다.

먼저. 남녘 꽃소식―. 일행의 차가 전남·북을 가르는 호남터널을 지나 장성 지역으로 들어서면서부터 길 주변 들녘에는 푸른 보리밭이 눈에 띄게 늘어가고, 봄기운도 그만큼 무르익은 느낌이었다. 그런데도 이윽고 나주를 지나면서 우리가 맨 먼저 가슴을 설레이며 기대했던 복숭아 꽃구름, 붉은 황토 들녘이 온통 연분홍 일색으로 하늘로 떠오르는 듯싶던 전날의 도원경은 구경할 수가 없었다. 과수 관리가 어렵고 경제성이 덜한 복숭아나무를 베어내고 대신 배나무와 포도 단지를 일궈버린 탓이었다. 게다가 목적한 장흥땅으로 들어서서 간단히 점심을 끝내고 먼저 해변 풍광을 둘러보기 위해 승선한 회진포 앞 뱃길 또한 심한 바람과 파도 때문에 두 시간 남짓 만에 끝나고 만 탓에 첫날의 행정은 먼 길의 여독 속에 거꾸로 심심산골 마을의 김 시인 노모를 찾아뵌 것과 천관산 문학공원의 비림(文學碑林 : 50여 문인들의 친필 문학비가 조성되어 있다) 참관, 그리고 파도 소리가 베갯머리를 지켜준 회진포 여관방의 하룻밤으로 만족할 수밖에 없었다.

하지만 해맑은 남녘 햇빛 속의 이튿날 육로 답사 길은 그 첫날 뱃길의 아쉬움을 말끔히 씻어주고 남았다. 그러니까 전날 저녁 필자의 초등학교 동창녀가 운영해온 선창가 횟집을 찾아가 주기酒饑를 쫓는 자리에서 그 초로의 동창녀가 한 가지 반가운 소식을 일러준 게 있었다.

"저그, 이 골 출신 소설가 한승원 씨가 태어난 동네 신상리로 넘어가는 한재 고개에 말여이. 그 산고개 야지에 지금 한창 절정을 이룬 할미꽃 군락이 참 볼만하제."

그러면서 그녀 자신 그 자생꽃 군락도 구경하고 운동도 하기 겸해 매일처럼 친구 몇 사람과 그 고개엘 오른다 하였다. 그래 이튿날엔 우리 일행도 함께 데려가 달라는 약속을 얻어내고, 다음날 아침 일찍 그녀와 동행으로 그 산을 오르게 된 것이다.

한데 산엘 오르고 보니 과연 장관이었다. 한재 고개 위에선 우선 북쪽으로 이 고을 출신 작가들(한승원과 이승우, 필자들은 출생 동네가 서로 이웃해 있다)의 수많은 작품 무대가 되어왔고 근자엔 앞에 말한 전국 문인들의 문학비림이 조성되어 있는 천관산이 바로 눈앞에 건너다보이고, 동쪽과 남쪽으론 짙푸른 봄바다 자락 위로 한승원의 고향마을(이 또한 한승원 소설의 숙명의 모태일 터이다) 정경과 이승우, 김선두의 출생 마을, 그리고 지금 막 푸른 물결 위를 날아오르려는 바닷새 자태의 '선학동'(필자의 「선학동 나그네」 속 가상 지명) 모습들이 차례로 펼쳐져 나갔다. 그런 풍광 속에 아직 누른 풀빛을 띠고 있는 한재 고개 초원에는 과연 수천 포기, 수만 송이를 헤아리는 자줏빛 할미꽃 군락이 산중턱 전체를 뒤덮고 있었다. 그 아름답고 진기한 풍경 앞에 우리는 한동안 넋을 잃을 지경이었는데,

그때의 느낌을 뭐라고 해야 할지.

　나는 한때 20년 가까이나 고향마을을 떠나 지낸 일이 있었다. 그리고 다시 고향마을을 찾으려 했을 땐 그 귀향길이 생각처럼 쉽지 않음을 깨달았다. 내 고향길은 그새 많이 허물어지고 풀이 자라 적지 않은 길닦이 노력이 필요했다. 나는 그 길닦이 노력의 한 가지로 동네 방문시마다 이웃 노인들을 위해 약간씩의 용돈과 작은 선물을 마련해 가곤 하였다. 그런데 다시 20년 가까운 세월이 흐르다보니 한 분 한 분 그 노인들이 저세상으로 떠나가고, 4, 5년 전 내가 알고 지내던 마지막 노인의 타계 소식을 끝으로 이후부턴 더 이상 내 마음속의 노인을 볼 수가 없었고, 용돈 마련의 필요도 없어졌다. 그런데 그 꽃전설과 유년 시절에 배인 동화 정서 때문인가(필자가 연전에 「할미꽃은 봄을 부르는 술래란다」라는 동화를 쓴 것도 아마 그 때문이었을 것이다). 나는 그 할미꽃 군락 앞에 짐짓 기이한 느낌에 젖어들며 혼자 중얼거린 것이다.

　―우리 동네 그 노인들이 모두 어디로 가셨나 했더니 여기 와 모여 계시구먼. 우리 한 골목 이웃이던 섭섭이 할머니도 고깔나무집 숙모님도 갯나들 방죽가 정문이 할머님도 우리 딸 은지 할머니랑 모두 함께.

　그 할미꽃 군락에 이어진 동백꽃 소식 한 가지만 더. 한재 고개를 내려온 우리는 다음으로 예의 천관산 장천재로 동백꽃 군락을 찾아갔다. 그리고 그 장천재 골을 가득 메운 붉은 동백꽃 숲 잔치 앞에 우리는 놀라움이나 찬탄보다 오히려 망연한 한숨이 앞을 섰다.

"이 꽃들의 함성, 이건 차라리 남녘 봄의 아우성이다."

"선혈 낭자한 통곡이다."

"억장이 무너질 뿐이다."

올해는 유난히 겨울이 따뜻하고 햇볕이 맑았던 덕인가. 일행들이 뒤늦게 서로 한마디씩 토해낸 찬사가 과장이 아닐 것이, 8년 전쯤 내가 일찍이 없었던 고운 꽃빛을 본 이래로 수년 동안 조금은 실망스런 발길을 거듭해온 끝에 이번에 드디어 가장 깨끗하고 화려한 꽃 풍년을 맞나게 됨에서다.

하지만 이 장천재는 그 동백꽃보다 앞서 말한 태고송의 신기 어린 자태로 하여 더욱 선경仙境을 이룬다. 그 유현하고 위엄 서린 용틀임 모습 앞에 이곳 발길을 처음 해온 이만재 형은 다시 한 번 억장이 무너지고 있었다.

"어이쿠, 그저 악 소리만 나오네요. 도대체 이걸 어찌 소나무나 나무라 부르겠어요. 이건 용이에요, 비룡! 아니, 여기다 무슨 이름을 붙이는 것도 예의가 아니지요. 이건 그냥 천지조화의 섭리 그 자체의 형상이에요."

그런데 그 선경을 마지막 마무리지어준 것은 그 태고송과 동백꽃 숲 건너편(천관산으로부터의 장천 계곡물을 사이한) 언덕의 진달래 꽃무리와 이만재 형이었다. 태고송과 동백꽃 숲을 지나 그 계곡물

건너 진달래 언덕까지 마주하다보니 나는 오히려 눈앞이 어지러울 지경이 되어 잠시 햇빛이 덜한 공중화장실을 찾아들어가 담배를 한 대 피우고 나왔다. 그런데 그 계곡 물가 바위에 걸터앉아 마지막 진달래꽃 잔치경에 취해 있던 이 형이 화장실에서 나오는 나를 보고 물었다.

"형님(*그는 나와 동성동본 동항렬의 진짜 아우뻘이다), 동백꽃 많이 누셨소?"

"동백꽃을 누다니?"

짐작이 있으면서도 내가 짐짓 되물으니 그가 설명을 덧붙였다.

"이런 선경엘 들어오면 우리도 모두 신선이 되는 거 아니오? 흰머리를 한 형님 뒷모습을 보니 문득 그런 생각이 듭디다. 그러니 어찌 신선이 사람의 ×을 누겠어요? 꽃을 눠야지요."

그뿐만이 아니었다. 그 장천재 구경을 끝내고 내려온 우리는 이날 오후 수문포 바닷가 언덕의 한승원 형 집필실 '해산토굴'까지 찾아본 뒤 다시 북쪽으로 유치면 가야산 아래 보림사 계곡을 찾아들었다. 그리고 한 모텔 방에 이 형과 내가 따로 한방 잠자리를 정한 뒤 새벽 한 시 너머까지 이번 여행길 이야기로 못내 취흥을 잠재우지 못하던 참이었다.

"이러다간 밤을 새우겠소. 내일 여정을 위해 이젠 그만 자도록 합시다."

드디어는 내가 먼저 자리를 찾아 누우며 이 형에게 말했다.

"나는 아까 그 장천재 위쪽 계곡물 건너 진달래꽃 언덕 한 자락을 베고 자려는데, 이 형은 무얼 베고 자려오?"

그러자 이만재 형도 기다렸다는 듯 자리를 찾아들며 바로 화답을 해왔다.

"저는 그 한재 고개 할미꽃 군락 속에 서서 바라본 득량만의 옥색 봄바다 한자락을 덮고 자지요."

하지만 명색이 글쟁이와 환쟁이들의 고향 기행이 어찌 그 꽃소식과 풍광탐뿐이겠는가. 고향의 속살은 어쩌면 그 꽃빛이나 풍광보다 고향마을 사람을 만남에서 더욱 생생하고 깊이 닿을 수 있음이라, 이젠 마지막으로 이번 길에 만나본 그곳 사람들 모습 두어 사례를 적어보고 싶다.

이번 여정에서 우리가 만난 사람은 이곳 글 동인 모임인 '별곡문학'을 이끌어온 소설가 김석중 씨, 장흥 고유의 버꾸 풍물패 모임인 '한들 농악회' 상쇠이자 앞서의 천관산 문학공원 조성을 주도한 군청의 한봉준 씨들을 시작으로, 벽지 산골 외딴집에서 개 일곱 마리를 가족 삼아 단신으로 지내시다 갑자기 나타났다 마당가에서 그대로 돌아서려는 아들의 손을 놓지 못해 연신 "이대로 또 그냥 갈래?"만 뇌이시는 동행 김영남 시인의 노모, 그리고 "갸가 에렸을 적부터 저고리 단추 하나도 풀고 댕기는 일이 없었제" 식으로 말씀하시는 '자랏골' (실제는 포곡리) 송기숙 선생의 80대 숙항 어른 등 일일이다 헤아릴 수가 없다. 할미꽃 군락지를 안내해 간 그 선창가 횟집 동창녀 또한 내게는 더없이 정겹고 편안안 고향의 한 모습이다. 십수 년 전 그녀를 두고 내가 「여자 동창생은 모두 누님이 된다」는 수필을 초했을 만큼 그녀는 나를 볼 때마다 내 옛 노모의 치매기나 철부지 딸아이의 더딘 성장을 함께 염려해주었을 뿐더러, 더러는 내 술자리 단속(남해 바다낚시질을 자주 다니는 홍성원 형은 어느 해 그 횟집엘 들렀다가 내 이름을 들먹인 덕에 홍주 두 병을 얻어온 일도 있었다)과 건강 걱정으로 한가족 허물없는 누님 몫을 서슴지 않아온 때문이다. 게다가 내 동화풍 소설 『인문주의자 무소작씨의 종생기』는 어느 해 늦가을 그녀가 내 힘든 귀향길에 들려준 '꽃씨 할머니'의 전설에서 첫 착상이 시작됐음에랴.

하지만 뭐니뭐니 해도 이번 길에 가장 심금을 깊이 울린 것은 문반文伴 한승원 형의 노모를 댁으로 찾아뵐 때였다. 그 둘쨋 날 수문포의 한 식당에서 점심을 끝낸 뒤 한 형과 동행들과 그의 해산토굴로 올라가던 길이었다. 그 동네 아래쪽에 그의 노모의 거처가 따로 마련되어 있어 우리는 먼저 어른부터 뵙기로 하였다.

"내 예순 중반 나이로 미수米壽 길 어른 앞에 어린애 어리광 피우는 거 좀 보셔들!"

나는 연하의 동행들에게 짐짓 장난스럽게 말하곤 일행과 함께 안으로 들어가 어른께 넓죽 큰절을 올렸다. 그리곤 아직도 워낙 건강해 보이신다느니(그 어머니의 체질을 이어받아 아들도 노년 건강이 좋을 거라느니), 아직도 글을 읽고 쓰시느냐느니(한 형이 그 노모의 글읽기와 쓰시기를 걱정하는 말을 들어서였다), 아들을 대신해 한동안 어리광투 위로와 하례의 말씀을 드렸다. 어른께서도 그런 우리를 위해 우정 정색을 하신 척 농기를 섞고 계셨다. "그래 내 아직도 글을 읽어. 청준이가 어렸을 적 집을 떠날 때 어머니와 함께 바닷가에 나가 게를 잡는 이야기는 아직도 잊지 못해. 그 대목 때문에 난 우리 아들보다 청준이 글을 더 좋아하누만."("우리 어머니가 저러신다니까"—바로 뒤이은 한 형의 푸념투였다).

하지만 아무래도 기력이 부치고 거동이 불편해 보이시는 어른 앞에 우리는 오래 앉아 있을 수가 없었다. 점심때 곁들인 몇 잔의 반주 탓엔지 옛날 내 노모를 앞에 한 듯 자꾸만 기분이 숙연하게 젖어드는 바람에 나는 마지막으로 어른을 한번 깊이 껴안아드리며 '모쪼록 건강하고 편안하시라' 하직인사를 여쭈고 한 형과 둘이 먼저 방을 나섰다. 그런데 방문을 나서려는 순간 어른께서 등 뒤로 다시 한마디 던져오셨다. "청준이, 제발 늙지 마소. 병들지 마소 이!"

어른의 그 말씀을 내가 어떻게 들어야 했을 것인가. 그 말씀에 내가 대체 무슨 대꾸를 할 수 있었을 것인가. 하지만 내가 놀란 일은 그뿐만이 아니었다. 무엇인지 잔뜩 속엣것을 참으며 넋 없이 그냥 바깥 거실을 나서려는데 뒤에서 또 갑자기 '어흐흑!' 하는 통곡조 울음소리가 터져나왔다. 나는 다시 한 번 가슴이 무너지는 듯한 충격 속에 거실 문을 뛰쳐나오다시피 하며 기껏 뒤따르던 한 형에게 어줍잖은 당부를 보냈을 뿐이었다. "아들이 들어가 진정시켜 드려야 겠네요." 영락없이 아들을 떠나 보내는 노모의 방곡 소리로 들은 때문이었다. 한 형도 필시 그렇게 들었기에 그 순간 지체 없이 다시 방으로 들어갔을 터였다.

 그런데 잠시 뒤 한 형이 안에서 거실 바깥으로 부축해 나온 것은 그의 노모가 아니라 우리 동행 이만재 형이었다. 그리고 그날 저녁 한형의 해산토굴에서 그 자리 모임을 위해 김선두 형이 '성가신 봄'이라는 제목(김영남 시인의 발의)으로 몇 장의 여정 스케치를 그려 나누는 과정에서도 이만재 형은 아직 채 눈물기를 지우지 못한 채 떠듬거리고 있었다.

 "노인들이 그렇게 늙어가시는 모습만 뵈어도 기분이 잔뜩 숙연하고 서러워지는데, 그런 기분을 겨우 참고 있는데, 아들 대신 청준이 형님한테 '늙지 마라, 병들지 마라' 이르는 말씀에 왠지 그만 참을 수가 있어야지요."

 하여 그 이 형에게 나도 한마디 안 할 수가 없었다.

 "허, 그거 참! 우리 동네 속살은 이곳 태생도 아닌 곁다리 길손이 먼저 보고 만난 격이구만 그래."

고향집 골목의 배꽃

1954년 4월 초순, 나는 광주의 한 중학교로 진학하여 처음으로 시골의 고향집을 떠나 지내게 되었다. 그리고 두어 주일쯤 뒤 그 고향집으로 첫 문안편지를 썼다.

편지를 쓰려니 무엇보다 그 고향집에 대해 먼저 떠오른 것이 해마다 봄이 되면 수선화, 해당화, 살구꽃 등 장독대 뒤쪽과 텃밭 담벼락가에 색색으로 피어나던 봄꽃들이었다.

하지만 수선화와 살구꽃은 이미 피었다 지는 것을 보고 집을 떠나왔고, 해당화는 아직 피기 한참 전이었다. 그 무렵은 사립 쪽 돌담 너머로 앞집 뒤란의 배꽃이 하얗게 피어날 시기여서 나는 이렇게 적었다.

―지금쯤 아마 사립께 진섭이네 담 너머로 하얀 배꽃이 피었겠네

요…….

　그리고 편지를 보낸 지 일 주일쯤 만에 어머니와 누님을 대신한 형의 답장이 왔다.

　―네 편지는 어머니와 누님까지 온 식구가 자리를 함께하여 개봉해 읽었다……. 그래, 지금 그 사립께에 진섭이네 배꽃이 한창이구나……. 집을 떠나 멀리서 그 배꽃을 잊지 못하는 어린 네 마음이 가슴 아파 어머니도 누님도 우리 모두 눈물지었구나…….

　그로부터 몇 년 뒤 그 고향집은 그다지 즐겁지 못한 사연으로 불가피 남에게 넘어갔고, 식구들은 모두 뿔뿔이 흩어져 살게 됐다. 집을 나가 지내던 내겐 다시 돌아갈 고향집이 없어지고 만 것이었다.

　그리고 이후 40여 년의 세월이 흐른 지난봄까지 나는 다시 그 집을 찾아가지 못했다. 처음 한동안은 그 옛 마을조차 찾아볼 사정이 못 되어서였다. 그러다 근 20년 만에 내 고향길 발길이 다시 열리게 된 것은 그 옛 동네 근처로 노모의 새 거처를 마련해드리고부터였다.

　하지만 한번 막혔던 고향길을 다시 여는 과정엔 이것저것 여간 어렵고 조심스런 일이 많았다. 잡초가 우거지고 허물어진 고향길을 다시 닦는 것은 물심양면 그만한 대가를 치러야 하는 일이었다(그러니 고향길이란 풀이 우거지지 않고 허물어지지 않도록 중단 없이 늘 닦아나갈 일이다). 그리고 나는 내 노모 덕에 다시 20여 년간 그 노릇을 근근히 감당해온 셈이었다.

그러면서도 나는 앞뒤 40여 년간 그 골목 안쪽 옛집까지는 찾아들어간 일이 없었다. 집이 넘어가게 된 내력도 내력이지만, 그새 그 집이 겪었을 변화와 묵은 세월의 흔적을 마주 대하기가 두려웠기 때문이다. 무엇보다 이제는 내 어릴적 편지를 읽고 함께 눈물지었던 식구들 중 당시에 집을 떠나있던 나를 빼고는 아무도 이 세상에 남아 있는 사람이 없었으니까.

하지만 그렇듯 집을 찾아가진 못했어도 해마다 봄이 오면 지금은 지상에 없는 혈육들과 함께 그 옛집이 생각나고, 텃밭의 꽃들과 그 날의 편지 속의 '진섭이네 배꽃'이 내 마음속에 하얗게 피어나곤 했다. 그 꽃들로 하여 나는 마음 속으로나마 그동안에도 그 마지막 남은 옛집 골목까지의 '고향길닦기'를 계속해온 셈이었달까. 그리고 지난봄 나는 실제로 동향 출신 시인, 화가와 셋이서 함께 그 마지막 남은 옛 골목길을 걸어들어섰다.

그런데 아, 옛 고향집 또한 그동안 그렇듯 애틋하게 나를 기다리고 있었던가. 다름아니라 그 사립앞 돌담 너머 진섭이네 뒤꼍엔 아직도 그 자리에 어린 배나무 한 그루가 대를 이어 서 있는데, 때마침 하얀 꽃송이까지 피우기 시작한 것이었다.

그 사립을 들어서보니 옛집은 예상대로 퇴락할 대로 퇴락한 데다 해당화며 살구꽃 따위 옛 정취를 찾아볼 수 있는 것은 흔적조차 깡그리 사라지고 없었다. 남의 집이 되었을망정 옛날보다도 더 깔끔하고 윤기가 도는 모습이었으면…… 마음속에 은근히 지녀본 소망은

149

한순간 온데간데가 없었다. 사랑하던 딸을 시집보낸 친정 아비가 오랜 격조 끝에 사돈댁엘 찾아갔다 고생고생 땟국에 전 딸의 모습을 본 심사가 그런 것일지 모른다. 어쩌면 그게 바로 긴 세월 그 옛집 골목길을 들어서지 못한 내 남루한 삶을 마주한 느낌이기도 하였고. 그 사립 밖 돌담 너머 배꽃 무리만이 겨우 옛집의 정취를 남기고 있는 셈이었다.

하지만 나는 그것으로 충분했다. 남의 담 너머 남의 집에 피긴 하지만 그 배꽃 하나로도 나는 그동안 척박하기만 했던 내 삶에 새 고향길닦기를 계속해갈 마음을 넘치게 해왔기 때문이다.

그런 심회속에 김영언 님의 시「살구꽃 핀 세월」일부를 여기 내 식으로 가다듬어 다시 읽어본다

―찾는 이 없다고/ 꽃을 피우지 않으리/ 살구나무 한 그루/ 빈 골목길 환히 밝혀/ 오는 이 없다고/ 그리움마저 피지 않으리.

그 나무 아래 서 있는 사람들

— 나무 이야기 · 3

　내 기억속의 나무들 곁에는 언제나 그 한때를 같이했던 이들의 모습이 함께 서 있다. 울릉도 도동항 암벽의 향나무 고목 기억 한쪽엔 이미 돌이켜본 바 있는 82년 여름 독도 뱃길을 함께했던 김원일 형과 일행들의 모습이 선하고, 앞서 소개한 장흥고을 장천재 태고송의 기억 언저리에 올봄 그 길을 함께했던 김영남 시인과 김선두 화백 이외에 자신의 소나무 그림을 위해 새해 첫날마다 그곳을 찾는다는 남녘 무등산 계곡의 화선(畵仙 : 내 벗에 대한 덕담이다) 계산谿山의 얼굴이 빠지지 않고 떠오른다. 강원도 영월의 단종 사당 옆 노송 기억 한켠엔 내 망년지교 K형이 거목의 위용을 우러러 놀라는 모습이 역력하고, 충청도 예산고을 수덕사 뒷산 중턱의 대형 엄나무 짙푸른 가지 아래엔 후일 그날의 일화를 바탕으로 졸작 중편「용소고」를 초하게 한 동행 백야白也 형의 반백 얼굴이 땀을 식히며 서 있곤 한다. 유년 시절 어느 날 밤 폭풍우 속에 무서운 굉음과 함께 벼락을 맞고 까맣게 그을어 죽은 마을 앞산 봉우리께의 큰 소나무가 몇 년 동안 흰 백골 모습으로 변해가던 기억속엔 하수상한 세상사를 걱정하던 동네 어른들의 어두운 얼굴들이 아직 여전하고, 99년 오스트리아 빈 시내 일각에서 우연히 마주한 보리수와 우물(슈베르트의 가곡「보리수」의 우물인지는 확인할 길이 없었지만, Lindensprings라는 표지석이 심어져 있었다)의 기억 언저리엔 노구를 이끌고 시내 곳곳을 안내해주신 그곳 빈 대학 한국학과 이상경 교수(당시)의 정정한 모습이 또렷이 인화돼 나타나곤 한다. 하기야 굳이 그런 기억속의 큰 나무가 아닌 집 안의 작은 분재 한 그루에서도 나는 늘 그 나무들의 내력과 함께 기억속에 살아 있는 이들의 모습을 다시 만나게 되긴 마찬가지—. 장장 30년을 길러온 행운목 꽃향기에서는 어느 날 남태평양 먼 항해길에서 돌아와 작은 묘목 토막을 선물해준 한 골목 이웃 외항선원의 바닷바람 내음을 맡게 되고, 이른 봄 추운 기후대 속에 잊지 않고 붉은 봉우리를 터뜨리는 완도산 홑 동백꽃에서는 매번 그 완도생 K형의 따스한 남녘 봄소식을 되새기게 되곤 한다.

누님으로 변한 옛 여자 동창생

그렇듯 나무와 함께 머릿속에 떠오르는 사람 중의 하나가 남녘 고향고을 회진포구의 초등학교 동창녀다.

1940년대에 입학하여 50년대 중반에 초등학교를 졸업한 우리는 그 6년 동안 내내 변변한 학교 건물이 없이 이 동네 저 동네 마을회관을 빌어 수업을 받았다. 그러다 저 6·25전란을 치른 50년 가을부터 우리가 졸업한 54년 무렵까지는 그 중 규모가 큰 회진마을회관이 본교 노릇을 하였다.

그 회진마을 맨 꼭대기에 자리한 본교 뒤뜰 언덕에 인근 어디서나 볼 수 있는 이름 모를 활엽수 한 그루가 서 있었다. 물론 초등학교 졸업 이후 고향고을을 떠나 외지를 떠돌기 시작하면서부터는 까맣게 잊고 지내온 나무였다. 그런데 내 나이 어언 40대로 들어설 무렵 오랜만에 옛 고향 동네를 찾는 길에 그 회진마을을 지나다보니 옛 학교 회관 건물은 흔적이 없는데 언덕 위의 나무만은 수고가 훌쩍 높아진 채 더욱 청청하게 서 있었다.

그리고 그 며칠 뒤. 30대 중반에 타계한 가형이 남기고 간 어린 손주들을 데리고 인근 고을을 떠돌다 옛 동네에 새 정처를 마련해든 노모와 며칠을 지낸 끝에 옛 어릴적 친구 한 사람과 뱃길로 그 회진 포구를 다시 찾았을 때였다.

"회진엘 왔으니 자네가 찾아봐야 할 초등학교 여자 동창생이 한 사람 있네. 자네 피네라고 기억하는가? 어릴 적엔 키가 쬐끄매서 늘 앞자리만 서던 줄 꼬맹이……. 그 피네 씨가 지금 저 선창거리에서 횟집을 하고 있는데, 자네가 모처럼만에 고향엘 온다니까 꼭 한번 보고 싶다고 자넬 자기 집으로 데려오라는 당부였어."

배를 내려서자 친구가 그렇듯 그 동창녀의 횟집 쪽으로 등을 떠밀었다. 나도 물론 그녀를 쉽게 기억해낼 수 있었다. 친구의 말대로 반에서 가장 키가 작아 줄 앞자리 단골배기였던 그녀의 어릴 적 곱상한 얼굴이 금세 눈앞에 떠올랐다.

하지만 나는 쉽게 발길이 떨어지지 않았다. 세월이 많이 흐른 데다 일이 너무 갑작스러워 그녀의 횟집으로 불쑥 발길을 디밀고 들기가 뭣했다. 그래 잠시 머뭇머뭇 마음의 준비 겸해 우선 찻집부터 한 곳 들러서 가자 어쩌자 발길을 지체하고 있던 참인데, 어느새 낌새를 알아차린 그 횟집 문앞에 그녀(아니 그 꼬맹이 아가씨가 저렇게

키가 자랐단 말인가!)가 나타나 첫 대면에 힐난투부터 던져왔다.

"청준이 너 지금 우리 집 놔두고 어딜 가려고 거기서 어정거리고 있어야!"

옛 남자 동창 앞에 갑자기 음식점 일을 하고 있는 모습을 내보이기가 좀 꺼려지지 않을까 싶어 발길을 망설이던 내 쪽이 오히려 당황스러울 지경이었다. 나는 그래 그 앳되고 조그맣던 옛 모습 대신 허물없고 당당한 중년 여자 앞에 "아니, 뱃길을 왔더니 모양새도 좀 험하고 피곤하기도 한 것 같아 먼저 찻집에라도 잠시 앉았다 가려고……" 어쩌고 어물쩍 어색한 변명투 인사말만 몇 마디 건네곤 황황히 그 자리를 비켜섰다. 그리고 일단 근방의 찻집을 찾아들어가 한숨을 돌린 뒤 "꼭 다시 와야 해!" 아깟번 그녀의 다짐소리에 못 이겨 다시 그 횟집으로 갔겠다. 그녀의 안내에 따라 방 안에 들어앉아 있으려니 조금 전 찻집 아가씨가 청하지도 않았는데 제물에 방문을 열고 들어섰다. 어떻게 알고 찾아왔느냐니까, "이 집 아주머니가 불러서 왔다"는 거였다.

"오랜만에 본 얼굴이니 내가 청준이 곁에 앉아 술 한잔이라도 권하고 싶지만, 바깥 주방 일이 바빠서 대신 그 아이에게 상 시중을 좀 들어 달랬어."

잠시 뒤 주안상을 차려 들여보내면서 그녀가 덧붙인 설명이었다.

뿐인가. 술기가 어지간하여 자리를 일어서 나오려는데 이번에는 생선 몇 마리가 담긴 비닐봉지를 건네주며, 너만 생선회 안주에 술

마시고 다니지 말고 집에 계신 노인 어른께도 좀 갖다드리랬다. 그리곤 내 생각 모자람을 혼자 나무라며 그 생선값을 치르려 하니, "걱정없네. 옛 동창생 노모한테 생선 몇 마리 그냥 보내드리지 못할까!" 대범하게 거꾸로 핀잔투를 건네곤, 시집간 누님이 친정동생 일 걱정하듯 그동안 내 살아온 사정들만 이것저것 묻다가 그냥 돌아서 버렸다.

하고 보니 그런 그녀 앞에 차마 노모에게로 돌아가는 뱃길에서 친구와 마실 소주병을 마련하지 못해 은근히 아쉬움이 남았던 일 역시 아직 그녀의 속을 다 헤아리지 못한 탓이었으리라. 다름아니라 잠시 뒤 친구와 배엘 올라보니 소주 두 병에 생선회와 풋고추 마늘 초장에 그녀가 어느새 귀로의 주안거리까지 봉지봉지 싸다 실어놓은 것이었다.

―여자 동창생은 누님으로 변한다.

그 무렵 내가 그녀의 일을 두고 어느 잡지에 쓴 짧은 글의 제목이다. 이후부터 나는 실제로 그녀가 그렇듯 허물없고 편안하게 느껴진 것이었다. 알고 보니 그녀의 남편은 나 그녀와 같은 동기생 친구의 형님이기도 하여 그녀는 이를테면 척간을 넘어선 형수뻘 처지로 나는 실제로 그녀를 형수로 호칭하기 시작했으니까.

하다 보니 나는 종종 그녀의 거리낌없고 화창한 삶의 비결이 무엇인지가 궁금했다. 그리고 어느 해 가을 나는 그녀의 횟집을 찾아 옛 초등학교 시절의 추억담을 나누다가 문득 그녀의 삶 속에 청청하게 버티고 선 한 그루 아름다운 나무를 본 것이었다.

"이제 그 학교 터에는 그 나무 한 그루밖에 남은 것이 없어. 하지만 그 나무만 보면 나는 늘 옛날로 돌아가. 어린 옛날로 돌아가서 그 시절 선생님들도 만나고 친구들도 만나고, 그러면서 그 어린 시절처럼 세상일이 다 정겹고 허물이 없어져."

바로 그 나무가 내내 늘 그녀 속에 버티고 서서 그 삶을 그렇듯 싱싱하게 가꾸고 지키게 해온 게 아니었을까—. 그런 혼자 상상 속에 나는 이후 그 회진포구를 생각할 때마다 그 마을 꼭대기 옛 학교 터의 이름 모를 나무와 함께 그녀의 삶 속의 또 하나 푸른 나무를 보곤 하는 것이다. 하기야 그런 그녀에게선 나 또한 심신이 몹시 괴롭던 어느 가을날 저녁 생선매운탕이 끓고 있던 술청 화덕가에 마주앉아 저 '꽃씨 할머니'의 전설을 전해 듣고 마음이 많이 가라앉은 일이 있을 뿐더러 뒷날의 졸작 『인문주의자 무소작씨의 종생기』를 구상하게까지 되었거니와, 지난 이야기 중 회진포구 인근의 할미꽃 군락지로 우리를 안내해 간 것도 다름아닌 그녀였으니까.

마음속에 새로 심어가는 나무

 지난가을에는 섬진강변 언덕 위에 새 기억의 나무 한 그루를 심고 온 일도 있었다.
 나는 올해로 순천대학 문예창작과 학생들과 소설 이야기를 나누러 다닌 지 5년째로 접어들고 있다. 일 년이면 주로 봄 가을로 대여섯 차례씩 오가던 그 노릇이 처음엔 이것저것 모든 게 서툴고 버거운 기분이더니, 해를 더해갈수록 학생들이나 주위의 분위기에 익어들며 언제부턴가는 썩 흔찮은 즐거움과 보람을 느끼기 시작해온 터이랄까. 그런 가운데에도 학과의 활력과 문학지망 학생들의 앞날을 위해 진력하는 학과 선생님들과의 허심탄회한(모두가 시인 작가들이니까) 어울림은 그 순천길 나들이의 빼놓을 수 없는 한 즐거움이 되어온 것이다.

그런데 그 선생님들 중 누구보다 임의롭고 자유분방한 성품을 지녀 보이는 송수권 시인(그는 문단 데뷔 시절 잡지사에 시를 투고해놓고도 당선 사실을 모른 채 일 년 동안이나 시골 벽지를 떠돌아다닌 끝에 애를 먹고 찾아댄 잡지사 쪽과 겨우 연락이 닿았다니까)이 인근 고을 광양과 하동 간을 흐르는 섬진강가 언덕 위에 헌 집을 한 채 구해('漁樵莊'이라 이름짓고) 지내며 밤이면 간간 낚시질을 즐긴다는 소문이었다. 하여 어느 해질녘 나는 시내에서 미리 걸쭉한 추어탕 수인분을 준비하여 문창과 재직중인 김길수(희곡·연출), 안광(소설), 곽재구(시) 제씨들과 그 '어초장'으로 송 시인을 찾아갔다. 송 시인도 그런 귀뜸을 미리 받고 언덕 아래 강가에다 낚싯대를 여러 대 펼쳐놓고 우리를 기다리고 있었다.

하지만 그날은 날이 어두워지면서 바람이 몹시 불고 빗줄기까지 흩뿌리기 시작하여 밤낚시는 엄두를 낼 수 없었다. 대신 우리는 송 시인의 그 '어초장'으로 올라가 준비해온 추어탕을 안주 삼아 밤새껏 걸판진 주연과 담소를 즐길 수 있었다. 그런데 새벽 네댓 시쯤 술기도 어지간하고 입들도 피곤하여 한 사람씩 눈을 붙이기 시작하여 나 역시 동년배 송 시인과 그의 생홀아비(어초장은 거의 그 혼자 쓰는 모양이었으니까) 냄새 꿈꿈한 임시 서재에서 짝을 지어 누웠다.

하지만 나는 아침이 거의 밝을 때까지 잠을 이룰 수가 없었다. 바깥에서 강바람 휘몰아치는 소리 때문이었다. 그 '어초장' 옆 뜰에는 특이하게도 다섯 길이 넘어 보이는 높다란 산 노간주나무와 쌍가지 노송이 한 그루씩 버티고 서 있었는데, 세찬 강바람이 밤새도록 그 노간주와 노송 뿐 아니라 낡은 어초장 지붕을 통째로 날려보낼 듯 극성을 떨어댔다.

하여 그 새벽 단잠을 포기하고 만 내 마음속에 대신 그 어초장의 노간주와 노송이 새로 심겨지게 된 것이다.

   어초장주 송영감 타령

    왜 저리 불러, 밤새도록 불러싸
    노간주 중허리 휘감아 돌며
    강으로 불러, 언덕으로 불러
    노송 쌍가지 밑둥까지 끌어안고
    한 세월 삭아가는 처마 끝 두들기며
    온밤 통곡으로 저리도 불러싸
    오늘은 다른 바람 벗들 찾아와
    문닫고 자자는디
    저 고오얀 역마넋살!
    이게 무슨 취기 부시는 자장가!
    거꾸로 들쑤시고 앓리는 자장가?
    허, 그게 아니라면야
    그냥 함께 바람 넋 행세로 따라나설까 말까…….

그러다 저러다 잠이 드는가 싶으면
끙, 옆구리를 뒤척이고 소리를 뒤척이며
또 한번
끙!
감감 날을 밝히는 어초장주 송영감.
 (2002. 11. 8. 송수권 시인의 섬진강가 '어초장'에서 하룻밤을 지내고 나서)

내 소설 속을 흘러간 사람들—내 글벗과 선생님들
—다시 강물 이야기·6

 "시대가 바뀌어 그런지 요즈막엔 우리 동네에서 자주 볼 수 있던 매 사냥꾼을 거의 볼 수 없어 아쉬워요. 요즘 같은 세상에 어느 누가 매꾼(매잡이)을 부려 꿩을 잡거나 그 노릇을 함께 즐기려는 사람이 있어야지요."

 1967년 가을 여성잡지 『여원女苑』사 사무실에서 산이 많은 전북 장수 출신의 한 동료가 한담으로 꺼낸 이야기였다. 그런데 계속된 그의 이야기 가운데에 심상찮이 흥미를 끄는 대목이 있었다.

 —매를 데리고 사냥을 나서려면 매꾼은 며칠 전서부터 잠도 재우지 않고 먹이도 주지 않는 따위로 녀석의 성깔과 사냥 투지를 돋워 놓아야 한다. 그리고 그 매가 꿩을 잡으면 재빨리 쫓아가 포획물을 빼앗아야 한다. 녀석이 제 포획물로 배를 불리고 나면 사냥을 그치

고 날아가버리기 때문이다.

그 이야기 가운데에 한 편의 소설이 들어 있었다. 더욱이 그 시절 사람들은 그것을 퍽 아름다운 놀이풍속으로 즐겨 왔음에랴. 그 잔인한 먹이고리의 생존질서와 풍속적 아름다움의 비밀이라니! 그것은 가히 한 편의 소설이 되기에 족했고, 나는 꼬치꼬치 그 동료의 현지 지식정보를 취재하여 중편 「매잡이」를 엮어낼 수 있었다.

어언 35년 저쪽 일로, 그러나 그 소재를 건네준 동료는 이후 캐나다 쪽으로 이민을 떠나갔다는 후문뿐 이런 여담조차 함께 나눌 길이 없다.

내 소설 가운데는 그렇듯 내게 '소설을 주다시피' 했으면서도 지금은 당시의 일들을 함께 돌이켜볼 길이 없게 된 경우가 허다하다.

등단 초기에 발표한 중편 「가수假睡」(1969)도 비슷한 경로를 거쳐 씌어진 작품이다.

그 60년대 후반 나는 『아세아亞細亞』라는 월간 잡지 창간작업에 참가하고 있었는데, 하루는 이런 이야기 소설거리가 되지 않겠느냐며 동료 직원 K가 여객열차 기관사들의 운행중 졸음현상에 대해 이런 일화를 들려줬다.

"열차 기관사는 주야간 근무가 되풀이되기 때문에 주간근무 중에도 더러 졸음에 쫓기는 일이 있는데, 그 바람에 어떤 땐 정차를 해야 할 작은 간이역을 눈 뻔히 뜬 채로 그냥 지나치고 마는 일까지 있다는구먼. 하지만 그런 때 통과지 역무원이 지켜보면 기관사는 그런 졸음중에도 정차 작동만 빠뜨릴 뿐 눈 앞의 선로를 똑바로 응시한 채 차를 운행해가는 모습엔 전혀 변화가 없다는군. 본능적이다시피 한 그 운행습관 때문에 졸음이 사고를 부르는 일은 흔치 않지만, 그러니까 기관사는 통과지 역무원의 긴급연락을 받고 졸음에서 깨어나서도 자신이 그곳을 어떻게 지나온질 기억하지 못한다는 거야. 어때, 재미있는 현상이지?"

기이한 현상이긴 하였다. 하지만 나는 그 당장 소설을 쓸 생각까지는 하지 않았다. 다만 머릿속 메모 정도로 그 기관사 졸음현상의 의미 해석(주제 파악)을 뒷날로 미뤄두고 있었다. 그런데 사실은 그 이야기의 숨은 의미성이 머릿속에 그만큼 강렬한 자장磁場으로 자리 잡고 있었는지 모른다.

얼마 뒤 하루는 퇴근을 하고 돌아와 아랫목에 비스듬히 누워 '아메리카 인디언 마을'을 찍은 TV화면을 보고 있다가 나는 전기를 맞은 듯 갑자기 몸을 바로 일으켜세우고 앉아야 할 장면과 마주쳤다.

―더운 햇볕이 쨍쨍 내리쬐는 헐벗은 고원지대의 한 바위그늘 아래. 일고여덟 살 정도의 어린 소녀 하나가 바깥일을 나간 어른들을 대신해 자신보다 더 어린 두세 살 정도의 동생아이를 재우려 연신 나뭇잎 부채질을 해주고 있다. 하지만 소녀아이는 무더운 더위 속에 자신도 지치고 졸려 깜빡깜빡 고개를 아래로 떨어뜨리곤 한다. 그러다간 제풀에 소스라쳐 정신을 차리고 간격이 뜸해지던 부채질을 되

살려보려 하지만, 이내 또 속절없이 졸음결에 빠져들며 고개를 꾸벅꾸벅 헛 부채질 시늉만 계속한다. 그 어쩔 수 없는 졸음기……. 그 불가항력의 야속한 졸음기 속에서도 한사코 부채질을 놓지 않으려는 무의식적인 몸짓 시늉. 그것이 무엇이었던가?

 나는 사무실 K의 기관사들 졸음운행 행태가 머릿속에 되살아났고, 그 소녀의 자기강박 속 동작과 함께 우리 삶의 한 비의가 떠올랐다. 또한 동시에 그 몇 년 전 4·19혁명 과정의 '비이성적 민중성' 비판처럼 읽혀진 어느 소설을 향한 그간의 내 의구심에 대한 해답을 찾은 기분이었다. 덕분에 나는 얼마 뒤 이성적 지식이나 판단력에 상관없이 사람들의 정신이나 넋 속에 유전자처럼 지니고 태어나는 우리 삶의 근원적 욕구와 진정성을 천착해본 소설(4·19세대 소설?) 「가수」를 시도할 수 있었다.

 하지만 이 역시 그 K가 이미 명도命途를 다하고 간 지 어언 십 년에 가까우니 「가수」쓰기를 함께 해준 고마움을 다시 말할 길이 없게 된 격이다. 하기야 그 K는 자신의 죽음까지도 내게 생사의 경계에 대한 한 편의 소설을 생각지 않을 수 없는 숙제로 남기고 갔으니까. 다름아니라 K는 세상을 떠나기 전 어느 날 내게 전화를 걸어 "전일 함께 가고 싶었던 술집에 내 몫의 술을 한 병 사 맡겨두었으니 언제 틈 있으면 찾아가 마시라" 하였다. 그리고 며칠 뒤 그는 불의에 쓰러졌고 그 길로 명계命界를 달리해 가고 말았으니, 뒷날 혼자서 그 술집을 찾아가 그가 남겨두고 간 술을 앞에 하고 앉았을 때 나는 대체 어떤 기분 속에 무엇을 생각했을 것인가.

이에 비해 작품 소재에서부터 주제와 구성 등 거의 모든 소설의 요건이 갖춰진 이야기를 다만 내 식의 문장만 빌어 베낀 경우로 졸작 단편 「눈길」의 앞뒷 일들이 생각난다(다음의 이야기는 내 소설 모음집 중 「눈길」 편 작가노트에서 소개한 일이 있지만, 읽은 독자가 많지 않을 듯싶어 여기에 다시 한 번 인용한다).

1968년 결혼을 하고서도 나는 바로 어머니가 계신 고향마을로 아내의 시댁 인사 길을 나서지 못했다. 당신이 서울로 올라와 우리 혼례식과 새 며느리를 보고 가신 데다 시골에선 거처다운 정처가 없이 떠돌고 지내시는 터라 맘편히 찾아뵐 곳이 없었기 때문이다. 그러다 두어 해 뒤 그곳 자형이 한동네 동구 밖의 헌 오두막을 손봐뒀다는 소식을 듣고서야 비로소 아내와 함께 어머니를 뵈러갔을 때 그 집엔 당신과 혼자되신 형수, 어린 세 조카아이들까지 온 식구들이 단칸방 살이로 지내고 있었다. 게다가 그 비좁은 방 한쪽엔 어머니가 전일 집을 제대로 지니고 사실 때의 유일한 흔적이자 어릴 적 어느 눈 내린 새벽녘 당신과의 마음 아픈 헤어짐을 떠올리게 하는 반닫이 옷궤 하나가 들어앉아 있어 그러지 않아도 심란하기 그지없는 내 심사를 더욱 무겁게 하였다.

하지만 그때까진 내 떳떳치 못한 처지가 맘에 걸려 아내에게마저 지난날의 우리 집 영락 과정을 다 털어놓지 못하고 지내온 터라 아직 그 옷궤의 사연을 알 리 없는 아내는 "이 비좁은 방에 웬 옷궤가 지냐"고 물색없이 원망을 하고 들었다. 나는 물론 할 말이 없었고, 어린 새며느리 앞에 누추한 처지가 면구스럽기만 한 어머니 역시 묵묵부답일 수밖에 없었다. 그리고 그땐 그쯤 옷궤의 사연이 더 드러나지 않은 채 우리는 다시 서울로 돌아오고 말았다.

그런데 다시 몇 년 뒤(1977년 이른 봄) 그간의 서울살이에 지칠 대로 지친 심신을 더 버텨낼 길이 없어 한동안 시골 자형네한테로나 내려가 방을 하나 빌어 지내며 글을 써보다가 사정이 괜찮으면 아예 그대로 주저앉아버리고 말 작정으로 아내까지 동행해간 길에 그 어머니의 헌 오두막 거처에서 하룻밤을 먼저 지내게 됐을 때였다.

이번에는 내가 그 한 해 전 「눈길」에 앞서 어머니의 이야기를 쓴 「새가 운들」을 읽었을 뿐 아니라 그동안 둘 사이에 허물이 많이 줄어 내게서도 몇 차례 우리 집의 이사 내력을 들은 바 있는 아내가 그때까지 방 안 아랫목을 지키고 앉아 있는 그 헌 옷궤에 대한 생각이나 말이 퍽 달라졌다. "어머니, 이 사람 어렸을 때 옛날 집에서 하룻밤을 마지막 함께 보내고 헤어져 떠나보내던 날 밤에도 어머닌 아직 그 집이 팔리지 않고 그냥 살고 계신 양 보이려 저 옷궤를 남겨 두고 계셨더라면서요?"

어머니는 이번에도 물론 그 옷궤에 깃든 어두운 사연을 돌이키려 하지 않았다. "그 옷궤라도 없으면 이 집 어느 한 곳 사람 사는 표시를 찾아볼 데가 있겠더냐?" 짐짓 대수롭잖게 넘어가려고 하였다. 하

지만 이미 옷궤의 내력을 알고 있는 아내가 이번에는 그대로 물러서려들지 않았다. 그리고 나이 차이가 너무 많아 고부간이 아니라 이젠 아예 막내딸이나 손주아이처럼 흥허물없이 채근하고 드는 어린 며느리 앞에 어머니도 끝내는 가는 한숨기 섞어 뜸뜸이 그 옷궤에 얽힌 사연을 털어놓기 시작했다.

그러나 사실 그 옷궤의 사연은 이야기의 실마리에 불과했다. 이야기의 핵심은 그 집에서 함께 하룻밤을 지내고 이튿날 새벽 일찍 십여 리 면소께까지 눈 오는 산길을 걸어나가 당신을 바깥 어둠 속에 세워둔 채 나 혼자 훌쩍 버스로 올라 떠나가고 만 쓰라린 이별의 곡절이었다. 나는 이후 당신 혼자 어디로 어떻게 어두운 새벽길을 되돌아갔는지 뒷일을 이야기 들은 일이 없었다. 그땐 이미 어디에도 돌아갈 거처가 없는 처지였던 탓에 당신이 그 이야기를 꺼낸 일도 없었으려니와 나 또한 두렵고 처연스런 느낌에 그걸 차마 물을 수 없었기 때문이다. 내가 당신의 처지를 좀 떳떳하게 해드릴 수 있을 때나 옛날 얘기처럼 물어볼 수도 있을 그날 새벽녘의 뒷일은 이를테면 당신에 대한 오랜 내 마음의 빚덩이가 되어온 셈이었다. 하지만 나는 여태도 당신 앞에 그 빚꾸러미를 들추고 들 처지가 못 되었다. 커녕은 자신의 앞뒤도 제대로 가리지 못해 서울살이까지 끝낼 길을 찾아보려 당신 곁을 찾아 내려간 무력한 아들이었다. 부끄럽고 두렵지 않을 수 없었다.

아내 역시 어머니나 우리의 그런 처지를 너무 잘 알고 있었다. 그러면서도 아내는 위태롭기 그지없는 늙은 시어머니의 아픈 곳을 끝까지 들추고 들었다. 그건 물론 철없는 호기심에서가 아니었다. 노인에 대한 애틋한 심사에서만도 아니었다. 그것은 나와 어머니, 아내 자신을 포함한 우리 모두의 답답한 처지에 대한 소리없는 항변의 표시였다. 나는 그 아내 앞에 더욱 부끄럽고 서글퍼지지 않을 수 없었다. 그런 자신이 참을 수 없도록 가증스럽기만 하였다.

하지만 나는 그 아내나 어머니 앞에 무슨 말도 할 수 없었다. 아랫목에 잠이 든 척 숨을 죽이고 누운 채 둘 사이의 이야기를 몰래 엿듣고 있을 수밖에 없었다. 옷궤의 사연을 시작으로 아내가 끝끝내 그날 새벽 헤어짐 이후의 당신의 행선지까지 캐물어 들어갔고, 그 아내의 집요한 채근에 못이겨 노인 또한 목소리가 새삼 더 담담해져가고 있었기 때문이다.

그 다음 이야기는 졸작 「눈길」의 줄거리와 거의 다 동일하다. 아니 「눈길」은 그 이후뿐만 아니라 소설 전체의 진행이 실제와 일치하고 있는 셈이다. 그러나 나는 당시 소설이고 뭐고를 생각할 마음의 여유가 있을 수 없었음이 물론이다. 소설커녕은 거기서 며칠을 견디지 못하고 다시 서울로 돌아오고 말았다. 하지만 서울로 돌아오고 보니 내 가슴속에는 그새 확연한 소설 한 편이 자리해 있었다. 그리고 그것을 조금 다듬어 쓴 것이 「눈길」이다.

「눈길」은 그러니까 나 혼자서가 아니라 내 어머니와 아내 셋이서 함께 쓴 소설인 셈이다. 오랜 세월 가려져온 그 새벽 헤어짐 이후의 두려운 사연을 당신의 삶 속에 혼자 간직해온 어머니나 그 헌 옷궤의 설운 사연을 실마리 삼아 끝내 그 무고한 아픔의 실체를 드러내준 아내가 아니었으면 이 소설은 씌어지지 않았을 것이다. 그리고 그런 뜻에서 어머니나 아내는 「눈길」의 실제 실연자들로서 소재뿐 아니라 그 헤어짐을 중심 삼아 이야기의 반전 시점을 마련해준 구성이나 우리 삶의 원죄성, 아픔, 부끄러움 따위의 주제까지도 함께 다 제공해준 셈이었다. 거기에 내가 다듬고 덧붙인 바란 무력하고 모멸스런 자신을 더욱 가책하려는 심사에서 어머니에게 우정 "빚이 없다" 뻔뻔스럽게 우기고 든다거나 당신을 불손하게 "노인"이라 부르는 따위의 수사상의 역설적 반어법을 고려한 정도였달까.

그 '노인'이 떠나신 것도 어언 십 년 저쪽의 일. 그때의 철부지 며느리였던 '아내'는 요즈음 피부 부작용과 눈의 해로움을 알면서도 흰머리 염색을 위해 한 달거리로 미용실을 쫓아다니는 중이다.

이밖에도 어느 해 대보름날 광나루 술자리에서 희한한 방생행사를 함께 목격한 N형의 「거짓 자유」와 독선적 인간들의 허장성세에 대한 개탄은 졸작 「잔인한 도시」의 계기가 되었고, 육이오 전란시 한 도피자에게 은신처를 마련해주지 못하고 죽음의 거리로 떠나보낸 이후 당시의 중학생 나이에서 한 살도 더 자라지 못한 채 옛날 집 대문 앞에 평생토록 그대로 떨고 서 있는 자신의 모습을 속에 안고 살아왔노라는 J선생의 술회는 이후의 중편 「가해자의 얼굴」의 선명

한 밑그림이 되어주었으며, 60년대의 문학동네 사랑방 구실을 해주던 S문화사의 주간으로 우리 문단 일화와 술자리 기담 대가이시던 시인 S선생의 극사실적 군복무 시절 회고담(S선생은 6·25전란중 공군으로 복무했다.)은 내게 무스탕 전투기 추락사고를 소재로 한 「마스코트」를 쓰게 하였다.

하지만 이제 내 문학의 길을 열어주고 변함없는 지표가 되어오신 J선생을 제외하면, N형은 당뇨로 고생을 한다는 우울한 소식 이후 수삼 년째 하회를 접할 길이 없고, 게다가 S선생은 이미 유명의 길을 달리해 가신 지가 퍽 오래다.

그 이름과 얼굴들이 이 세월의 강물에 언제까지나 지워지지 않는 한 시절 내 소설의 이정표로 남아주기를 빌어볼 뿐이다.

독자와 함께 쓰는 소설?

　내 졸작 「병신과 머저리」에 나오는 산속 동굴 낙오병 김 일병의 팔뚝 상처는 처음 '하얀 구데기 떼가 밥덩이처럼 뭉쳐 있었다' 식으로 묘사됐다. 그런데 그 소설을 읽은 한 지인이 그 잘못됐음을 일러왔다. "구데기는 반드시 파리가 쉬를 슬어줘야 생긴다. 그 높은 북녘 산중턱 동굴에 무슨 파리가 있었겠는가."
　그 충고가 그럴듯하게 여겨져 나는 그 부분을 다른 책에서 이런 식으로 고쳐 썼다. ─피고름에 빳빳하게 엉킨 헝겊을 풀어내고 보니 상처 벽이 흙 벼랑처럼 무너져가고 있었다. 운운…….
　그런데 뒷날 그 고침을 알아본 그쪽 전문가가 다시 내 귓속 옆음을 탓했다. "누가 공연히 아는 체를 한 모양이더구만. 아무리 높고 추운 산꼭대기라도 사람이 가는 곳이면 파리는 어디든지 따라가."

175

어쨌거나 독자들 가운데에는 그렇듯 꼼꼼하게 글을 읽고 잘잘못을 짚어주는 경우가 더러 있다. 앞서의 사례 이외에도 중편소설 「잔인한 도시」 때에는 갓 교도소를 나온 사내가 근처 공원에 머물며 자신이 피울 담배꽁초와 뒤에 남은 동료 죄수들의 행운을 빌어줄 방생용 새를 사기 위한 동전닢을 줍고 다니는 장면에 대해 '꽁초는 오른쪽 주머니에, 동전닢은 왼쪽 주머니에 넣어 간직했는데 꺼낼 때는 오른쪽 주머니에서 동전이 나오는 요술(?)을 부렸다'는 한 시골 독자의 장거리 시외전화를 받았는가 하면, 「서편제」 영화 바람이 한창이던 시절에는 미국의 한 교민으로부터 '소리의 빛'에 나오는 햇수 계산이 거꾸로 된 게 아니냐는 편지 지적을 받고 애초의 '기묘년'을 '임자년'으로(무려 27년의 차) 바로잡은 일도 있었다.

그런 단순한 잘잘못의 적시뿐 아니라 장편소설 『자유의 문』 때에는 다른 어떤 소설이 비슷한 장면을 베낀 걸 보았다는 통보와 함께 분기 등등 게으른 나를 대신해 관계 출판사들에 추궁과 질책의 전화를 걸어준 독자까지 있었고 보니, 이는 내 소설 안팎의 고마운 감시자들이 아닐 수 없으리라.

그런데 거기서도 한 걸음을 더 나아가보면 내 소설은 어느 면 나 혼자서 쓴 것 같지 않은 국면에 이르는 경우도 생긴다.

—사내가 다시 눈을 들어 보았을 때, 길손의 모습이 사라지고 푸르름만 무심히 비껴 흐르는 고갯마루 위로 언제부턴가 백학 한 마리가 문득 날개를 펴고 솟아올라 빈 하늘을 하염없이 떠돌고 있었다.

이는 졸작「선학동 나그네」의 끝 장면이다. 그런데 그 소설을 읽은 고우 김현 군이 덕담 삼아 말했다. "자살치고는 참 아름다운 죽음이더구먼."

나는 원래「남도 사람」연작을 거기서 끝낼 생각이었지만 그 '길손'을 굳이 자살로 사라지게 할 생각은 아니었다. 그런데 듣고 보니 그것은 영락없는 자살이었다. 그리고 나는 이 마지막 장면을 계속 그렇게 받아들이기로 하였다. 깊고 좋은 읽음, 앞선 읽음은 그 작품을 함께 쓰는 일에 값할 수 있으므로. 한 편 한 편이 독자적이면서도 다시 전체를 한 줄기로 묶어 읽을 수 있는 연작소설의 미덕에 기대어 그 길손은 다음 이야기에서 다시 살아났지만,「선학동 나그네」에선 여전히 자살로서.

또 하나, 남북분단의 이산살이를 다룬 단편「흰 철쭉」의 결말은 소식을 알 수 없는 나물장수 아주머니가 전쟁 전 북녘의 친정집에서 얻어온 철쭉이 끝내 꽃을 피우지 못하고 시들어 죽어버리는 쪽이었다. 시간을 서두르지 않은 탓에 아주머니에게는 이미 통일도 소용없는 것임을 말하려 함이었다. 그런데 그런 결말에 대해 김윤식 선생이 뒷날 혀를 차며 아쉬움을 털어놓았다. "그 참, 끝이 왜 그랬을까. 기다림 끝에 봄을 맞아 새 움이 푸르게 되살아났으면 좋았을 걸!"

나는 내 애초의 작의를 접고 결말을 이렇게 다시 고쳐 썼다.

―언제부턴가〔흰철쭉〕꽃나무 가지 위에 이름 모를 새 한 마리가 오래 깃을 개고 앉아 있었다. 순백의 꽃빛 속에 적막스럽고 애틋한

모습이 어떤 기나긴 기다림의 꿈속에 젖어 있는 것 같았다. 할머니의 넋이 새가 되어 돌아온 것인가…….

우리에게 그 기다림의 꿈은 죽음도 넘어설 만큼 소중해 보였기 때문이다.

그러니 「흰철쭉」 또한 김윤식 선생과 함께 씀인 것이다.

그 고마운 검열자, 함께 쓰는 문이 있는 문학이 나름대로 즐거운 길이 될 수 있는 연유리라.

소록도의 꽃

소설을 쓰고 지내다보면 이따금 자신의 작품이 어떤 독자의 삶에 예상치 못한 큰 영향을 끼친 경우와 마주치게 될 때가 있다. 그런 때면 그 글을 쓴 사람으로서 어떤 은근한 보람이나 긍지보다 당황스러움과 두려움이 앞서는 게 보통이다. 그와 관련하여 필자의 졸작『당신들의 천국』이 사단이 된 경우는 그 주인공 조백헌 원장의 모델인 조창원 원장의 소설 발표 이후의 실제 삶이 어느 정도 그런 면모를 띠어왔다는 사실을 본인이 직접 고백한 말을 들은 바가 있었지만, 그 조 원장 이외에도 나는 근자 또 한 사람의 힘든 삶의 역정이 그와 무관하지 않음을 발견하고 적지않이 놀란 일이 있다.

소설을 쓴 지 20년 가까이 된 몇 해전 한 신문 문학담당 기자와 작품의 현장인 소록도를 찾았을 때였다. 그곳 병원장이 내게 모처럼 섬을 찾아온 김에 꼭 만나보고 갈 사람이 있다며 병원 약국의 여자 직원 한 사람을 불러 면대시켜주었다. 그런데 30대 중반쯤으로 보이는 K라는 그 여자분 나를 보자마자 허물없이 이런 농담조의 공박을 건네왔다.

"선생님이 제 젊음을 빼앗아 갔으니 어떻게 책임지실래요?"

사연인즉, 그녀는 다른 큰병원에서 약사로 봉직중 『당신들의 천국』을 읽고 생각된 바가 있어 소록도 병원근무를 자원해 들어와 결혼도 잊은 채 환자들 돌보기에만 진력해왔다는 원장의 설명이었다.

"하지만 전 후회하지 않으니 염려하지 마세요. 오히려 전 제 삶으로 더 많이 바칠 수 없는 것이 안타까울 뿐이에요."

그녀의 덧붙임에도 나는 어쩔 수 없이 마음이 무거워져 위로다운 위로나 격려조차 건네지 못한 채 우물쭈물 발길을 돌이켜 세우고 말았을 정도였다.

그녀를 좀 차분히 다시 만난 것은 그로부터 한 사오 년쯤이 지난 재작년 초봄녘이었다. 그리고 아직도 단신으로 지내고 있는 그녀와 한나절을 함께 지내게 된 그 두 번째 만남을 통해 나는 비로소 그녀의 삶에 대한 소설장이로서의 내 마음의 짐을 내려놓을 수 있었다.

"이 섬에는 참 아름다운 들꽃이 많아요. 이 꽃들이 한창일 때 다시 한 번 오세요."

섬의 여기저기를 함께 걸으며 그녀는 곳곳에 싹이 돋고 작은 꽃망울이 맺혀 올라오는 들꽃포기들을 가리키며 화창하면서도 애틋한 얼굴로 소망했다. 그리고 헤어질 때 그녀는 '소록도 꽃'이라는 제목 아래 동료직원이 찍은 섬꽃들의 사진과 병원 종사자들의 진료일기 등 섬생활 글을 실은 책 한 권을 건네주었다.

그런데 그 책의 꽃 사진을 찍은 S라는 이의 후기가 이렇게 적고 있었다.

─섬에 사는 우리들은 꽃 이야기를 많이 합니다. 그러다 차츰 섬 곳곳에 피어 있는 꽃들도 우리와 같은 식구인 것을 알게 되지요……. 꽃들은 많은 사연을 들려줍니다. 지금은 세상을 떠난 애잔한 원생들, 그리고 지난날 함께 했던 동료들의 얼굴도 그 모습에 담겨 있습니다…….

아. 그들의 마음이, 그 바침의 삶들이 그 섬에 그렇게 아름다운 꽃으로 피어나 영원히 함께하고 있는 것이었다. 그 나이 먹은 약제사 아가씨의 인생도 거기 그렇게 신선하고 아름답게 꽃피고 있는 것이었다. 그런데 한갓 안방구석 서생인 내가 그 앞에 어찌 제 누추한 글의 허물을 무거워하고 두려워만 할 것인가. 다만 내 작은 축복과 경의의 마음을 묵상할 뿐.

사족이 되겠지만, 다시 2년의 시일이 지난 이번 늦가을 섬을 찾아가니 그녀는 한 해 전 먼 에티오피아 난민촌으로 귀환의 기약도 없는 의료봉사의 길을 떠나고 없었다. 하지만 나는 이제 새삼 마음이 무거워질 일이 없었다.

"이 섬만 해도 제 삶이 꽃피기에는 너무 호사스런 땅인 것 같아

서요."

그녀의 먼 목소리가 귀에 들려오는 듯해서다.

잊을 수 없는, 잊혀지지 않는—말씀의 기억
— 강물 이야기·7

1960년대 후반 어느 해 설날 오후.

마포 공덕동 댁으로 세배를 드리러 간 것이 내가 미당 서정주 선생을 처음 뵌 자리였다.

선생께선 여러 하객들과 함께 긴 날 술기에 젖어 계시다 절을 받으시곤 당신 특유의 느릿느릿한 어조로 거침없이 말씀하셨다.

"거, 이 군도 알다시피 내가 우리 문학동네의 큰 산맥이거든. 그런데 내 산맥이 달리다보니 저 멀리 아래쪽에서 또 쬐그만 산줄기 하나가 흘러가고 있더구만. 아직은 매우 쬐그만 산줄기가 말여. 알고 보니 그게 이 군이드구만 그래, 허허."

헛되이 자신을 낮추지 않으면서 추어주고, 짐짓 상대를 낮추는 척

올려주는 그 기묘한 덕담의 마력이라니. 당시 선생의 연세를 넘어 살아온 이날까지 두고두고 잊혀지지가 않는다.

1968년 봄. 나는 서울에서 더 버텨나갈 방도가 없어 당분간 시골 노모의 거처를 찾아내려가 지내고 있었다. 그러던 어느 날. 서울 소식을 부탁해 놓았던 김주연 형(평론)으로부터 한 통의 반가운 전보가 날아왔다.
— 네가 아마 올해 동인상을 수상하게 됐나보더라.
내게는 다시 서울로 올라가 계속 글일을 도모해볼 동아줄 같은 소식이라 그 길로 면소재지 마을까지 나가 전화를 걸어보니 김 형의 대답이 이랬다. "오늘 동인상 심사를 맡았던 Y선생과 차를 함께 하는 자리에서 결과를 물었더니, 그 양반, 수상작이 '바보와 모지리' 비슷한 제목이었다니까 그게 네 「병신과 머저리」 아니겠냐."
그런데 그 소식을 듣고 바로 서울로 올라가 주관 '사상계'사로부터 수상 결정 사실과 함께 심사위원이 어느 분들이었는지를 알아보고, 그 중 전날에 이미 뵌 일이 있던 황순원 선생께 먼저 인사를 드리러 갔다. 하지만 선생께선 나를 아예 집 안으로조차 들여놓으려 하질 않으셨다. 대문간에서 나를 맞은 선생께선 그대로 내쫓다시피 길을 막아서시며, 내 감사의 인사에 손사래를 치시듯 이렇게 말씀하셨다.
"아니야, 내게 고마워할 거 없어요. 난 다른 분들이 좋다는 걸 그

대로 따랐을 뿐이니까."

 그때 흰 와이셔츠 차림으로 푸른 정원길을 돌아서시던 뒷모습 기억 때문인가. 그 황 선생을 생각하면 지금도 나는 늘 푸른 솔밭의 백학白鶴을 떠올리게 되곤 한다.

 앞에서 잠시 거론한 바가 있지만, 1960년대와 70년대 초반의 '신구문화사' 편집실은 여러 문인들의 사랑방 같은 곳이었다. 그곳에 김치수, 염무웅 님들 같은 동년배 문인들이 재직하고 있어서이기도 했지만, 그 방장격인 신동문 선생(시)의 웅숭깊고 너그러운 성품이 그 시절 궁핍스런 글꾼들을 위해 자주 밥자리와 술자리를 마련해주신 덕이 아니니었던가도 생각된다. 신 선생께서는 당신이 마련하신 그 술자리에 여러 방면의 진기한 이야기로 좌중을 즐겁게 하여, 나 자신 당신의 공군 복무 시절 경험을 소설(「전쟁과 여인」「마스코트」)로 쓴 일이 있었을 정도니까.
 그 신 선생께서 어느 날은 배를 쥐고 웃으시며 이런 말씀을 하셨다.
 "오늘 출판할 시집 교정을 보는데 말예요. 그 목록에 '누구누구 편'이라는 '편' 자가 모두 '똥'으로 식자되어 있잖겠소. 김 아무개 똥, 이 아무개 똥 하는 식으로 처음부터 끝까지 말예요. 난 물론 처음엔 식자공이 '시詩' 자가 모자라 우선 복자伏字를 뽑아놓은 거라 생각했지요. 한데 '시' 자는 하나도 없고 처음부터 모조리 그 짓궂은 복자뿐이다보니 나는 차츰 어느 식자공이 일부러 '시' 대신 '똥' 자를 뽑아놓지 않았나 싶어지는 거예요. 아무개 시? 옛다, 아무개 똥이다 똥! 하다보니 그 '똥' 자가 그대로 뜻이 통하는 것 같기도 하고요. 요즈음 우리 시 중엔 누가 똥이라 욕해도 할 말이 없는 것들 많잖아요. 누구보다 내 시부터가 그런 생각이 들지만 말이오. 사실 시인들에겐 시가 제 똥이랄 수 있는 의미 해석의 여지도 있지 않아요. 하하!"

며칠 전 임우기 님(평론)이 어느 신문에 그 신 선생의 시 「아니다의 주정」을 회고한 글을 보고 나니 당신의 말씀이 다시 뜻 깊게 되새겨진다. 우선 그 시를 다시 한 번 인용한다.

"아 아 난 취했다/ 명동에서 취했다/ 종로에서 취했다/ 취했다 아 아 그러나/ 세상은 참말로 이런 것이 아니다/ 사상? 모르겠다/ 그러나 세상은 이런 것이 아니다/ 철학? 모르겠다/ 그러나 세상은 이런 것이 아니다/ 아니다/ 아니다/ (……)/ 사랑!/ 이런 것이 아니다/ 생활!/ 이런 것이 아니다/ (……)/ 나는 취했다/ 명동에서 취했다/ 종로에서 취했다/ 나는/ 나는/ 이런 것이 아니다."

시를 읽고 있으려니 그날의 선생의 말씀과 쓰거운 웃음소리가 새삼 귀에 생생하다. 하지만 이제 나는 그 선생의 '아니다' 소리를 이렇게 고쳐 듣고, 말씀드리고 싶다.

—나는 시인이야!

—그럼요. 선생님은 시인이셨어요!

1971년 가을 일지사一志社에서 출판해준 내 첫 창작집 『별을 보여드립니다』는 중단편 20편에 고우 김현 님의 해설까지 2천 5백여 장의 원고를 2단 조판(당시 크라운판)한 380여 쪽짜리 책이었다. 요즘 소설집으로 치면 세 권 정도를 만들 수 있는 원고 분량이 한 권에 담긴 셈이었다. 앞서 내가 그 책을 '출판한'이라 하지 않고 '출판해준'이라 표현한 것이 그 때문이지만, 당시 일지사의 편집장이던 이기웅 님(지금의 '悅話堂' 사장)이 내게 그 소설집을 '내주겠다' 했을 때, 당시로선 좀체 어려운 기회를 얻은 데다 책을 내는 것 자체에 보람을 둔 내가 원고 있는 대로 욕심을 부린 결과였다.

출판사도 나도 책이 팔리리라는 건 물론 기대 바깥이었다. 그런데 한두 달 시일이 지나다보니, 우리 소설책의 '상품성'을 거의 생각할 수 없던 당시로선 예상외로 제법 책이 팔려나가고(아마 초판이 2천?), 오래잖아 재판, 3판의 소식까지 이어 듣기에 이르렀다.

그런데 사실 그 책이 그렇듯 나름대로 뜻 있는 출발과 함께 한동안 중판을 거듭하게 된 데는 당시 K대학에 계시던 정한숙 선생이 교양과정 학생들에게 그 책을 권해주신 덕이 컸다. 그리고 그런 사실을 알게 된 나는 나중 어느 자리에서(나는 그때까지 선생을 뵌 일이 없었다) 선생께 각별한 감사의 인사를 드렸음이 당연하다. 그런데 그때 선생의 말씀이 이런 식이셨다.

"저 6·25전란 중에 우리 문인들은 너나없이 모두 빈주먹으로 대구나 부산으로 내려갔지. 그리고 나 같은 젊은 문인은 나이 많은 선배 문인들의 따뜻한 보살핌 속에 그 난경을 좋이 견뎌 넘길 수 있었지. 나는 지금까지 늘 그 선배님들의 은덕을 마음속에 지니고 나도 언젠가는 선배님들에게서 입은 은혜를 조금이나마 후배 문인들에게 되돌려 전할 수 있게 되기를 바랐어. 이 형의 소설을 학생들에게 읽히고 싶어한 건 내 그런 생각과는 상관없이 이 형의 책이 정한 일이 겠지만, 그 일로 이 형이 내게 혹 고마워할 일이 있다면 그 선배 어른들께 드려야 할 몫이겠지. 난 무언가 늘 주고 싶긴 했지만, 줄 것이 너무 모자랐거든!"

"아니지요 선생님, 저는 다 받았는걸요. 너무도 많이요. 선생님께서 받으신 선배 어른들의 은덕까지도요."

1966, 67년 무렵 내가 일 시늉을 다니던 '사상계' 사는 종로 2가의 한청빌딩에, '현대문학' 사는 5가에 자리해 있었다. 그리고 그 무렵 김수영 선생은 대개 현대문학사엘 먼저 들렀다가 오후쯤이면 사상계 사무실까지 다녀가시는 일이 많았다. 어떤 땐 사무실까지 올라오지 않고 아예 화신 뒤쪽 공평동이나 청진동 뒷골목 술집부터 들러 자리를 잡고 앉아 전화를 걸어오실 때도 있었다.

"이 형, 거 할 일도 없을 텐데 뭐 하러 사무실은 지키고 앉아 있어요. 어서 건너와 대포나 한잔 하고 가요."

내려가지 않으면 기분좋게 불쾌해진 얼굴로 사무실로 올라와 더러는 '수명이가······' '수명이 그 ×이······' 하는 식(당시 『현대문

학』편집장이던 선생의 누이 김수명 님을 이름. 선생의 그런 말투 속엔 나이 먹은 누이에 대한 각별한 정의가 느껴지곤 하였다)으로 앞서 현대문학사에서 있었던 일을 여담 삼아 털어놓고 가시기도 하였다.

그런 가운데에 하루는 우리 소설 이야기를 하시다가 어느 작가의 인기 소설이 화제에 오르자,

"나 오늘 그 작가 현대문학사에서 봤어요. 그런데 나 간이 떨어지는 줄 알았어요!"

느닷없이 가슴을 쓸어내리며 큰 소리로 웃으셨다. "왜 간이 떨어져요?" 내 물음에 선생은 짐짓 정색을 하며 감탄하셨다.

"수명이가 그 소설 원고료를 주니까 그 돈봉투를 손가방에 집어넣고 덜컥 쇠 잠그는 소리가 어떻게 크고 요란하던지 정말! 그게 자기 소설에 대한 당당한 자부심의 선언 아니겠어요?"

선생께서 그 소설을 어떻게 읽고 계셨는지는 물론 더 물으나마나였다.

그 선생을 내가 한번은 다방으로 모시고 내려가 내 소설작업에 대한 어려운 고민거리를 의논드린 일이 있었다. 나는 그 무렵 세인의 신망이 매우 높던 한 어른의 숨은 일화를 듣고 그 이야기를 소설로 쓰고 싶어 한동안 고심하고 있었다. 고심을 한 것은 그 일화가 자칫하면 소설의 인물이 아닌 실제 인물에 대한 시중의 신망에 바람직스럽지 못한 흠을 만들 수도 있었기 때문이다. 어른 자신의 신망 문제

뿐 아니라, 당신에 대한 세인들 일반의 신망감 훼손이 더욱 문제일 수 있었기 때문이다. 그래 나는 선생께 그 '우상 폭로' 모티프와 소설의 책임에 대해 물었다. 그리고 그때 선생께선 거의 나무라듯 이런 식 충고를 해오셨다.

"책임은 무슨 책임? 소설가가 제 쓰고 싶은 소설 쓰고 제 아는 일을 정직하게 쓰면 그만이지, 우리 속의 우상을 부수자는 것이 또한 문학의 큰 몫인데, 그 문학이 작품 말고 세상에 대해 또 무슨 뒷일까지 책임을 져! 소설가가 다 할 거야? 소설가가 무슨 도덕군자야? 경세가야? 소설가는 좋은 소설 쓰는 데나 정신 쓰고, 소설 뒤의 세상일은 그 세상 다른 사람들에게 내맡겨둬요!"

덕분에 이후 나는 다시 한동안 그 '사실'과 '진실'의 문제로 골머리를 앓아야 했지만, 그 선생의 말씀 속에 그날 두고두고 마음에 새겨야 할 진정한 문학정신의 높이와 참 자유인의 도저한 초상을 본 것이었다.

비문학 전문직 종사자들 가운데에 더러 문학에 대한 깊은 관심과 애정을 기울이는 사람들이 있다. 그런 이들 가운데엔 문학 잡지사나 출판사를 내어 작품 발표 지면을 제공하기도 하고, 문학상이나 창작 기금을 출연하여 작가들의 창작욕을 북돋워주기도 한다.

하지만 많은 경우 재력이 부치거나 의욕이 떨어져 손을 놓고 돌아서는 일이 많은 데 비해, 계간지 『문학과 지성』의 창간을 뒷받침하고 그 잡지사의 여러 사업에 후원을 아끼지 않다가 1993년 애석하게 타계한 황인철 님(추모문집:『무죄다』라는 말 한 마디)은 생애 동안 시종 문학에의 관심과 애정을 일관되게 쏟고 간 드문 경우로 기억된다.

게다가 나는 그 문학에 대한 관심이나 애정과 함께 그의 온화한 웃음을 더욱 잊을 수 없다. 그는 물론 문학 이외에 저 엄혹한 유신체제 아래서의 인권변호사 활동으로 또는 우리 시대의 경제정의 지킴이로서의 경실련 주역으로 자기 고유의 일에 더욱 충실했을 터이다. 그야 나는 그쪽 일들을 소상히 알지 못할 뿐 아니라 그의 삶의 세목에도 썩 밝은 편이 아니다. 한데도 그의 가파른 일의 성격과는 달리 언제나 온화한 웃음기를 잃지 않던 그의 후덕한 얼굴 모습만은 나를 늘 편안하고 허물없게 해주었다.

그리고 나는 끝내 그 온후한 얼굴에서 되갚을 길 없는 큰 빚을 안은 처지가 되었다.

1990년 '문학과지성사'는 제2회 이산문학상 수상자를 나로 정해놓고 재정 사정이 여의치 못해(사실이 아니었는지 모르지만) 잠시 시상식을 미룬 모양이었다. 그런데 그 시상식을 전후하여 나는 황인철 님이 그 상금을 변통해주어 적시에 시상식을 치르게 됐다는 이야기를 들었다.

그래 나중 먼 뒤풀이 자리까지 찾아준 그에게 나는 각별히 더 고마운 마음을 담아 답례의 술잔을 권했다. 그는 술잔을 입에 대는 시늉만 하며 내게 거듭 축하의 말을 건넸다.

"이 형, 정말로 축하해요."

어느 때보다도 더 온화한 웃음기 속에. 그리고 이후에도 눈길이 마주칠 때마다 아직 다하지 못한 축하의 마음이 남은 듯 거듭 그 인후한 웃음기를 떠올리며.

그런데 알고 보니 그때 나는 아주 중요한 사실 한 가지를 모르고 있었다. 그가 이미 자신 속에 돌이킬 수 없는 삶의 종착점을 안고 있었음을. 그는 자신의 종말에 대해서마저 그만큼 관대하고 온화해질 수 있었달까. 그는 그 어두운 절망의 문턱을 속에 안고서도 그렇듯 온화한 미소를 잃지 않은 채 내게 거듭 간곡한 축하(아니, 축복이었을 것이다)의 마음을 전하고 싶어한 것이었다. 어쩌면 그 자신과 이웃들에 대해. 이 세상에 대해.

그는 한 편의 시도 소설도 쓴 일이 없겠지만, 그 온화한 웃음과 축복의 마음으로, 자신의 삶 전체로 오래 잊혀지지 않을 한 편의 아름다운 작품을 쓰고 갔다 할 것이다.

"이 형 정말로 축하합니다."

나는 지금도 그 목소리를 다시 듣는다. 그리고 이젠 마주할 수 없으니 그것은 내 필생의 빚으로 남은 셈이기도 하다. 하지만 어찌 그 고운 웃음과 함께하는 빚의 무게를 마다할 수 있을 것이랴.

업고 가고 안고 가고, 삶과 죽음과 세월이 서로 안고 안기며 섞여 가는 것이 우리 세상살이 흐름인 것을.

나는 왜 문학을 하는가
문학의 길섶 · 1

 당신은 어떻게 소설을 쓰게 됐는가.

 글을 써오면서 주위에서 자주 듣는 물음이다. 그 물음 앞에 설 때마다 나는 내 처음 동기와 함께 지금도 계속 소설의 길을 가고 있는 자신을 새삼 되돌아보게 되곤 한다.

 ─나는 왜 계속 소설을 써야 하는가?

 그에 대해 내가 자주 내세우는 동기로 우선 내 태생이 시골내기임을 들곤 한다.

 ─6·25전쟁 휴전 이듬해인 1954년 봄 4월 초순. 나는 중학교 진학을 위해 처음으로 고향마을을 떠나 먼 도시의 친척 누님 댁으로 더부살이 길을 나섰다. 신세를 지러 가는 처지에 변변한 선물거리를 마련할 수 없어 전날 한나절 마을 앞 개펄에서 어머니와 함께 잡은

바닷게 자루를 짊어지고서였다. 그런데 열 시간 가까운 버스길에 흔들리고 바스라져 누님 집까지 도착하고 보니 자루 속의 게들은 이미 심하게 상해 있었다. 그 게자루를 누님은 코를 막으며 대문 앞 쓰레기통에 내다 버렸다. 그때의 그 부끄럽고 무참한 심사라니! 나는 나 자신이 바로 그 쓰레기통으로 내던져진 느낌이었다…….

졸작 「키작은 자유인」 중 한 부분을 요약한 주인공의 이 같은 술회는 나 자신의 체험 그대로인 셈이다. 뿐더러 나는 그로부터 남루하고 부끄러운 시골뜨기 자신을 그대로 쓰레기통에 던져 버리고 유족하고 자랑스런 도회인으로 다시 태어나기를 소망했다. 그 시절 시골에서 도회 학교 진학 목적이었던 입신양명立身揚名이 내게는 그렇듯 떳떳한 도회살이 끼어들기 길에 다름아니었다.

하지만 도회의 높고 단단한 벽은 쉽사리 나를 받아들여주지 않았다. 도회살이는 내게 늘 낯설고 서툴렀으며, 부끄러움과 두려움으로 주눅들게 하였다. 나는 언제까지나 도회인다운 익숙함이나 이룸, 거둠이 없는 얼치기 떠돌이 꼴일 뿐이었다.

나는 자연히 나를 끼어들여주지 않는 세상에 대한 실망과 원망을 삭이고 무력한 자신을 다독이기 위한 자기 위안의 길이 필요했고, 그것이 나를 배제시킨 현상의 질서보다 내 나름대로 더 나은 다른 세상 꿈꾸기 격인 소설쓰기의 욕망을 싹트게 한 셈이었다.

그런 내면의 동기에서 시작된 내 새로운 세상 꿈꾸기 소설질은 현상 질서에 대한 의구심과 함께 그 부조리를 개선하고 싶은 희망을 앞세웠음이 당연하다. 그런데 그 역시 내 세상 끼어들기의 한 방식과 노력에 불과했던 탓인지 모르지만, 한동안 그런 세월이 흐르다보니 나는 어느덧 자신의 소진감과 함께 그 나은 세계에 대한 꿈과 희망에서조차 심한 피로감을 느끼기 시작했다. 그리고 종당엔 버려두고 떠나온 내 남루한 시골살이의 기억을 되돌아보기 시작했다.

그것은 이를테면 내 정체성에 대한 회의와 회귀 혹은 확인의 과정이었고, 그로부터 나는 새 고향길을 닦는 심정으로 옛 시골 고향길을 다시 찾아다니며 도회에서 소진된 삶의 피로를 덜고 새로운 생기와 활력을 조금씩 회복해 돌아오곤 하였다. 그런 과정이 내 소설의 다음번 과정이었을 것이다.

하지만 도회의 삶에 비해 보다 자연친화적이고 감성적(정의적)이며 개별적, 정적, 자족적, 근원적 생존 질서의 측면이 승해 보이는 시골살이의 특성이나, 그에 비해 보다 인위적이고 이성적(공리적)이며 사회적, 동적, 의존적, 현상적 제도의 측면이 앞서 보이는 도회살이 행태는 어느 한 쪽이 보다 본질적 속성이기보다 양자가 우리 삶의 없지 못할 보완적 양가성일 수밖에 없었다. 하여 도회에서는 내 근원에 대한 결핍감에 시달리고 시골에서는 다시 끊임없이 움직이고 변화하는 도회살이 속에서 함께 부대끼며 내 정신의 균형과 조화를 얻어 나가야 한다는 강박에 쫓기며 그 도회와 시골 사이를 반복해 오가고 있었다.

도회와 고향 사이를 되풀이 오간 떠남과 되돌아옴의 반복 과정은 그러니까 그 양면성을 온전히 조화시켜보려는 내 소설의 바른 길찾기이기도 한 셈이었다. 그리고 그것이 내가 지금껏 소설을 써온 또 다른 절실한 연유일 것이다. 소설이란 다름아닌 우리 삶 베끼기(모방)일 뿐더러, 기왕지사 소설질로 삶의 길을 나선 내게는 그 삶의 이룸과 성패가 내 소설에 좌우될 수밖에 없는 운명이니까.

하지만 나는 그 길을 찾았는가. 아직도 어두운 길 위의 헤매임 속에 계속 소설을 쓰고 있음이 반증이거니와 그건 물론 아니다.

—어두운 밤 산길을 멀리도 헤매온 느낌이다. 그러고서도 아직 제대로 밝은 길을 찾지 못해 계속 헤매고 있음이 아쉬울 뿐이다.

이는 월여 전 40년 가까운 내 소설질을 되돌아보는 자리에서 문우들 앞에 털어놓은 소회다. '밤 산길'은 어둡고 장애 많은 우리 삶과 소설의 길을 내가 자주 비유해온 말인 바, 최첨단 정보의 대량유통 시대에 들어선 작금의 우리 삶은 그 숨막히는 속도와 가치변동 현상 속에 오히려 더욱 혼란을 겪고 있는 꼴(정보의 바다에 빠짐!)이다. 그리고 그 삶을 베끼는 소설도 그 어둠 속 산길을 헤매는 답답한 꼴을 보일 수밖에 없다. 길이 보이지 않는다 하여 발길을 멈추고 주저앉고 말면 우리 삶은 거기서 끝나게 됨이라, 소설은 그 어둠과 헤매임 속에서도 제 삶의 끈을 놓치지 않기 위해 그 지난한 길찾기를 계속해나가야 하기 때문이다. 그렇게 자신을 일깨워가며 일어서 나아가지 않으면 삶도 소설도 끝장일 터이므로. 내가 소설의 길을 계속해 가야 하는 마지막 이유일 것이다. 그것이 비록 그 밤 산길에서 다

른 사람을 아무도 만날 수 없는 독행자獨行者 처지에서라도.

하지만 그 어두운 산길을 헤매는 독행자 꼴이 어찌 소설의 길을 가는 나 한 사람의 처지일 뿐이랴.

언젠가 나는 한 프랑스 시인 친구에게 그런 내 소설질에 대한 의구심과 회의를 털어놓은 일이 있었다. "도대체 이 독행 밤 산길 헤매기 식의 내 소설이란 게 무엇인가. 내 이웃들에게 그것이 무슨 뜻을 지닐 수 있는가?"

그 친구는 내게 충고했다. "그 어두운 밤 산길은 너 혼자서만 가고 있는 게 아닐 수 있다. 네 뒤에도 그런 독행자가 어둠 속을 외롭게 가고 있을 수 있다. 뿐만 아니라 네가 가고 있는 밤 산 근처에도 다른 수많은 산들이 있고, 그 산길에도 너 같은 독행자의 영혼들이 제각기 어둠과 두려움, 절망감 속을 헤매고 있을 수 있다. 그런 독행자들은 상상보다 많을 수 있고, 어쩌면 우리 모두가 그 독행자의 처지일 수 있다. 그들 중 누가 네 발자국 흔적이라도 만난다면 그는 자기 혼자 어두운 산길을 가고 있는 게 아니라는 사실에 얼마나 반갑고 큰 위안을 얻겠는가. 이웃 산들에도 또 다른 누군지가 제 불안한 길을 가고 있음을 알려주는 네 독행자의 소식은, 그것으로 지난한 우리 삶의 길에 대한 진상을 일깨워주는 일은 그 지치고 불안한 이웃들에게 얼마나 큰 위로와 용기를 주는 노릇이겠는가. 네 소설은 적어도 그것을 할 수 있다."

그 충고를 고맙게 받아들이게 된 것이 내가 아직도 소설 일을 놓지 못하는 또 다른 구실이기도 할 것이다.

거기에 한 가지 더 덧붙인다면 그런 헤매임 끝에서나마 근자 들어 어떤 어슴푸레한 길 표시 빛줄기를 만나게 된 탓도 있을 듯싶다. 앞서 말했듯 몇 년 전부터 지난 시절의 작품을 한데 묶어내는 작업중에 깨달은 일로, 지금까지 내 소설은 꿈(이념)과 힘의 질서가 지배하는 현실 세계와 그를 밑받침하는 역사적 정신태의 한계 안에 머물러온 느낌이었다. 그 현실과 역사의 유전적 침전물로서의 태생적 정서가 담겨 있을 넋(종교성과 맞먹을 우리 신화와 신화적 서사)의 차원이 결여되어 있었다.

내 소설이 여태껏 긴 세월 어둠 속 길을 헤매온 것은 그렇듯 우리가 누구인지 본모습을 결정짓는 첫 번 요소라 할 우리 신화와 신화성에 소홀한 탓이 아니었던지. 근자 들어 새로운 시작의 시도로 우리 무속의 현세적 덕목(삶의 구원)을 주제로 한 졸작 소설 「신화를 삼킨 섬」을 쓴 것은 그런 뒤늦은 깨달음 덕이었달까. 문이 보이면 착각일망정 열어보지 않을 수 없으니 말이다.

뱀헤엄과 내 소설의 몫
— 문학의 길섶·2

　40대 젊은 시절, 한 도회 출신 친구가 내게 수영을 할 줄 아느냐고 물었다. 어릴 적 시골동네 저수지와 바닷가에서 익힌 일이 있다고 하니, 그는 나를 남산체육관 수영장으로 데려가 솜씨를 좀 보여 달랬다. 나는 사양하지 않고 사람들 사이로 뛰어들어 한차례 수영장을 돌아왔다. 그랬더니 물 밖에서 기다리고 있던 그가 박장대소 우스워하며 내게 물었다. "형님, 수영을 하면서 왜 머리를 뱀 대가리처럼 물 위로 바짝 쳐드세요? 영락없이 뱀이 수영장을 건너다니고 있는 것 같잖아요. 하하!"
　그의 말이 사실이었다. 시골 저수지나 바닷물에서 헤엄을 치자면 앞쪽 방향이나 주변의 위험을 살피면서 앞으로 나아가야 했다. 아닌 게아니라 더러 뱀들이 방죽 물을 건너는 걸 보면 그런 식이었다. 그러자니 헤엄중에 머리를 물 위로 내놓아야 했고, 그 머리를 상체와 함께 힘차게 쳐들어 올릴수록 수영 실력을 쳐주었다. 헤엄을 배우는 과정도 앞을 바라볼 수 있도록 수면에서 머리를 세워 올리는 단계가 가장 힘들었고, 그 단계를 넘지 못한 채 수면 속만 텀벙거리는 것은 헤엄으로 치지도 않았다. 나는 진작부터 수영선수들이 속도를 내기 위해 머리를 물속에 틀어박는다는 걸 익히 보아 알고 있었지만, 수영장에서도 모두 그런 식인 것을 보고 제대로 된 헤엄질을 한번 시범해 보이기 위해 머리를 더욱 드높이 쳐들어 올린 것이었다. 그러니 경주 수영만 눈익어온 그 친구에겐 내 꼴이 괴이하고 우스워 보였을 밖에.

하지만 그런 내 괴상한 헤엄 방법이 우스워 보이긴 할망정 틀린 것은 아닐 터였다. 앞서도 말했듯이 헤엄이든 수영이든 애초의 목적은 우리 몸이 가라앉지 않고 탈없이 물을 잘 헤쳐 건너거나 그걸 즐기는 데 있는 것이지, 그게 얼마나 빠르냐는 속도나 그 다툼에 있는 것이 아니기 때문이다. 속도를 다투는 경주 수영은 어찌보면 헤엄의 기술적 측면에 불과한 속도 자체를 목적으로 삼아 헤엄 원래의 목적과 모습(헤엄의 정체성?)을 잃은 격이기 때문이다.

하지만 다만 그 수영에서뿐만 아니라 이제 그 '속도'는 이 시대와 우리 삶에 이미 엄청난 화두로 등장한 지 오래다. 고속정보시대라는 말에서처럼 요즈음 우리 삶에 특히 그 정보유통 속도의 위력은 참으로 대단해 보인다. 방송과 인터넷 통신망 등 전례 없이 효율적인 소통조직과 영향력을 갖춘 유무선 통신체제 위에 오늘의 대량고속정보 속도는 하루아침에 백만 명 단위의 '붉은악마' 응원단을 거리로 불러냈고, 그에 뒤지지 않는 숫자의 '촛불시위' 인파를 일사분란하게 이끌었다. 나아가 지난번 대통령 선거의 결과도 젊은 네티즌들의 활동이 결정적 영향을 미쳤다는 평가가 큰 설득력을 얻었을 정도이다.

하지만 그 정보의 빠른 유통 속도가 우리 삶에 언제나 긍정적이고 생산적인 것만은 아닐 수 있음도 사실이다. 앞서의 헤엄 이야기에서처럼 목적과 과정의 뜻이 뒤바뀌어 속도 자체가 일방적으로 맹신될 때, 우리 삶이 제 속도에 갇혀 오로지 속도 속에서밖에 뜻과 보람을 거둘 수 없게 되는 식일 때, 그런 경우 우리 삶은 미처 그 속도를 감당하지 못해 긴 전망이나 설계가 불가능해질 수도 있으니까. 그 지나친 속도 속에 자칫 우리 개성과 삶의 지표마저 잃고 마는 수가 있을 수 있으니까. 낯두꺼운 끼어들기, 앞지르기 따위가 예사로 여겨지는 우리 시정 풍조는 그만두고, 근자의 '로또 복권 열풍'만 하더라도 차근차근 자기 땀 바치지 않는 일확천금으로 자신의 부와 삶의 꿈을 일거에 이루려는 이들의 한탕주의 조급증과 우리 사회의 바람직스럽지 못한 과속현상의 하나가 아닐 수 있는지. 구입한 지 한 해가 멀다하고 지난 것을 버리고 최첨단 새 제품으로 바꿔대는 휴대폰이나 정보통신 기기 구입 경향을 보노라면 어떤 이들은 오직 그 정보 속도에 매달려 그 경쟁 속에 삶의 길과 보람을 찾고 있는 듯한 느낌까지 지울 수 없을 지경이다.

좋고 나쁨을 논외로 하고 우리 삶을 늘 새롭게 조명하고 전망해야 하는 총체적 인간정보 기제로서의 소설 작업 또한 그 속도의 바람결을 외면할 수 없을 뿐더러, 어느 면 그 기류 속을 앞장서 나아가고 있는 느낌이 없지 않다. 근래 작품들에서 두드러져 보이는 인접 전문지식의 눈부신 활용상 하며, '장르 벽 허물기' '복합 모방' '패러디' 기법 작품들의 발빠른 새 부가가치(?) 창출 속도를 보면 이를 부인할 길이 없어진다. 소설을 우리 삶에 대한 새 정보생산 기제의 하나로 이해할 때, 지난날의 소설들은 답답하게도 주로 그 삶에 대한 일차적 원정보의 생산에만 전념해왔음에 비해, 기존의 작품 정보들을 새롭게 조직해내는 유통적 생산방식이랄 수 있는 작금의 일부 소설 방법은 그 속도와 생산량에 거의 제한이 없어 보이는 것이다.

물론 그런 소설 방식에도 실제의 삶에서처럼 그 속도의 폐해가 없을 수 없을 터이다. 새로운 삶의 정보보다 재유통 정보의 부가생산성 쪽에 매달리다보면, 소설엔 창조적인 새 삶의 모습이나 무게가 실리기 어렵고, 그 정보의 속도에 쫓기다보면 앞뒤를 살필 여유를 잃고 마는 의식과 가치의 단절현상을 부를 것이 당연하다. 그리고 그 단절은 필경 소설 고유의 정도나 힘을 무시한 저마다의 독선적 아마추얼리즘을 만연시킬 수도 있을 것이다.

깊은 삶의 실체는 좀체 보이지 않은 채 낯익은 인접 전문정보의 흐름만이 도도한 오늘의 일부 소설 경향이 혹시라도 그런 징조는 아닐는지. 게다가 의식의 획일화 현상 및 문학적 품격을 거의 상관하지 않는 대중광고와 선전매체들의 엄청난 상업주의 인기몰이 현상 앞엔 그런 개연성을 외면하기가 그리 쉽지 않을 게 분명하다.

하기야 이런 생각이 옳든 그르든 나로선 크게 상관할 일이 아닐는지도 모르겠다. 나는 어차피 그 삶의 속도를 따라잡을 능력이 없으려니와 그러고 싶은 엄두도 안 나니까. 내가 물에서 헤엄을 배운 것이 수영선수가 되기 위해서가 아니었듯, 소설 일에서도 나는 내 삶과 세상의 수면 아래로 머리와 눈길을 잠수시킨 채 굳이 그 정보의 속도를 다퉈 쫓아갈 생각이 없으니까. 다름아니라 바로 거기 내 삶과 정보의 속도에 적응치 못해 손을 놓아버릴 뻔한 내 소설 일의 몫이 남아 있어 보여서다. 아직은 그 정보 기제망에 입력되지 않은 내 삶과 주변 세상의 숨은 정보를, 속도가 매우 늦더라도 머리를 꼿꼿이 쳐든 뱀헤엄 자세 속에 천천히 둘러 살피며 써나가는 유유한 소설의 길 말이다.

자신을 씻겨온 소설질
―문학의 길섶 · 3

　내가 내 소설 쓰기로 세상에 대해 무슨 노릇을 해왔는지는 스스로 말할 바가 못 될 듯싶다. 대신 그것이 자신에게 무슨 일이었는지를 길게 돌이켜보니 전부는 아니더라도 자신의 삶과 정신을 씻기는 대목이 많았다는 느낌이 짙다. 매듭을 그대로 앉혀 지니고 살아갈 수가 없거나 참아내기 어려운 아픈 상처의 괴로움, 절망 속에 속절없이 허물어져가는 무력한 정신의 부도지경, 그런 현상과 소이를 바로 짚어 어루만지고 처방을 마련하여 내 삶을 다시 견딜만한 것으로 부추겨나가려는 자기 생령의 씻김질—.
　그 시초는 아마 내가 어린 시골내기로 처음 광주엘 올라가 낯설고 서툴기만 한 도회살이를 시작할 때부터였던 듯싶다. 나는 더러 소설을 쓰게 된 동기의 한 가지를 내 시골 출신으로서의 부끄러움과 도회살이의 어려움 때문이었을 것이라 고백한 일이 있지만, 중학교 진학을 위해 처음 시골을 나와 마주친 광주의 도회살이는 모든 것이 놀라움과 두려움투성이 충격이었고, 그때까지의 내 시골살이는 오직 부끄러움일 뿐이었다. 그 시절 내가 살던 시골에선 재봉틀이나 버스 운전사, 순회영화 마당의 영사 기사 같은 기계 부리는 사람들만 하여도 멋과 힘이 넘치고 돈이나 위엄까지 있어 보여 경외감을 금할 수 없던 형편에, 그 모든 것을 아무나 일상 속에 누리는 것 같은 도회인들의 깔끔하고 유족한 삶이었음에랴.

　나는 물론 하루바삐 내 남루한 시골살이의 부끄러움을 벗고 그 윤택하고 부러운 도회살이 속으로 당당하게 끼어들고자 노력했다. 하지만 그 도도한 도회 문물과 풍속들은 좀처럼 나를 받아들여주려지 않았고, 나는 여전히 낯설음과 불편스러움, 그리고 그에 따른 열패감과 원망 속에 무모한 도로를 되풀이할 수밖에 없었다. 그리고 끝내는 그 끼어들려는 노력과 아픈 실패를 글로 대신 쓸 수밖에 없어진 것이다. 말하자면 내 부끄러움을 스스로 글로 씻기고, 실패를 씻기고, 그런 식으로 여전히 그 끼어듦의 노력을 계속하며 나름대로 자신의 세상살이를 지탱해온 셈이었다. 내 데뷔작「퇴원」을 비롯하여「나무 위에서 잠자기」,「눈길」,「해변 아리랑」,「남도사람」과「언어사회학 서설」연작들이 대개 그런 씻김의 한 과정이었을 것이다.

　하지만 씻기고 동여매야 할 내 부끄러움이나 허약성은 물론 그 시골살이 내력이나 도회살이의 어려움에서만이 아니었다. 소위 시대

고時代苦의 과제가 또 하나 중심 씻김거리였다.

내 동시대 작가들도 다 마찬가지이겠지만, 내가 소설을 써온 것은 저 1960년의 4·19학생혁명으로부터 5·16군사 쿠데타, 10월유신, 10·26과 12·12정변, 5·17광주항쟁과 6·29선언을 거쳐 이후의 민선정부에 이르기까지 줄곧 극심한 정치·사회의 격변기였다. 그것도 알다시피 개인과 사회의 퇴행을 초래한 폭력과 어둠의 세월이 대부분이었다. 그 위에 내 의식 속에는 소년기에 겪었던 6·25의 기억이 늘 답답한 가위눌림 같은 어둠 자국으로 자리해 있었다. 그런 기억과 체험의 과정 속에 우리 누구의 삶도 스스로 부끄러운 죄의식과 무력감에서 자유로울 수 없었겠지만, 나 또한 글쟁이로서 그 짐을 감당해나갈 길을 쉽게 찾기가 워려웠음이 물론이다.

하지만 그런 가운데에도 그걸 어떤 식으로든 감당해보고자 한 노릇이, 내 부끄러움과 아픔을 견디고 그것을 세상에 드러내 보임으로써 자신의 삶과 정신의 틀을 지탱해보려던 계략이 그 소설질이었으니, 그게 바로 다름아닌 자기 씻김질(어찌 감히 세상을 씻기고 싶었다 할 수 있으랴. 되풀이 말하지만 이 글은 내 자신의 씻김에 관한 것이다)일 수 있지 않았겠는지. 「소문의 벽」, 『당신들의 천국』, 「시간의 문」, 「인간인」, 「흰옷」, 「비화밀교」, 「벌레 이야기」 같은 졸작들의 제목들만 들춰보아도 새삼 그런 생각을 금할 수 없을 뿐더러, 그 씻김질 또한 어지간히 길었다는 느낌에 스스로 진저리가 쳐질 지경이다.

새삼스러운 이야기지만 남도 소리는 마음 속에 한을 쌓고 맺는 노릇이 아니라 쌓이고 맺힌 한을 풀어 넘어서려는 쪽이라는 것이 저간의 내 계속된 생각이다. 스스로 내 삶의 부끄러운 상처와 아픔을 씻기는 소설질에도 그와 비슷한 대목이 있어 왔달까ㅡ. 그런데 그동안 내 삶의 부끄러운 짐이 줄어들고 세상사가 다 순리대로 풀려나간 것도 아닐 터에, 언제부턴지 내게는 그 쌓이고 맺힘이 차츰 덜해온 느낌이었다. 어줍잖은 나이 50대 후반 무렵쯤부터가 아닌가 여겨지니, 아마 그 나잇값으로 내 삶과 세상일을 될수록 대범하고 부드럽게 받아들이려 한 소이에서가 아니었던가 생각된다.
　그런데 내 삶이나 마음속에 쌓이고 맺힘이 덜하면, 그것을 풀어내고 넘어서야 할 일도 그만큼 덜하게 마련이다. 뿐더러 소설을 써 씻기고 풀어내야 할 삶의 마디가 덜한만큼 내 글의 절박성이나 힘도 떨어질 것이 당연지사. 소설질을 그만두어도 될법한 형세였다.
　그러나 나는 아직도 소설이나 글을 쓰고 있고 앞으로도 계속 더 쓰고 싶어하고 있다. 막바로 말해 이 몇 년간의 일이지만, 내 삶과 세상일에 알게 모르게 우리 신화와 신화적 상상력에 맞닿아 있는 부분이 없지 않고, 거기에 빚을 져온 대목이 적지 않다는 사실(제주도 심방굿과 마을 사람들의 세시歲時정서, 혹은 우리 유년 의식의 한 모태를 이루어온 여러 영웅 장수 일생기 같은 것들의 상상적 근원을 헤아려봄직하다)을 새삼스럽게 발견하게 된 덕분이다. 지금까지는 거의 의식하지 못했거나 소홀히 여겨온 우리 삶의 비의가 거기 나이에 따른(그 나이의 삶을 씻겨갈) 새 소설의 숙제로 기다리고 있었기 때문이다. 다시 말해 이제부터 내 남은 삶과 소설은 그 신화의 상상계 속에 씻김질을 계속해야할 어려운 마디와 대응력을 얻어 지닐 수 있게 된 것이랄까.

 어쨌거나 앞으로도 자신의 씻김질 소설을 계속해갈 수 있음은 나에게 무엇보다 고맙고 기쁜 일이 아닐 수 없다는 생각이다. 나에게 지금 소설을 '쓰고 있다'는 생각은 어떤 실패나 소외로부터도 나를 견디고 넘어서게 하는 보람스러움과 자긍심을 지켜가고, 어떤 지위나 영예보다도 소중하고 자랑스런 자산이라는 믿음을 버리지 않게 하기 때문이다. 그리고 그것이 내 소설에 대한 거의 유일한 자부심이 아닐까 싶다. 비록 그 글씀이 큰 진실을 담지 못해 이웃들의 눈길이나 마음을 끌지 못하는 단 몇 줄에 불과할지라도.

그와의 한 시대는 그래도 아름다웠다

지은이   이청준
그린이   김선두
펴낸이   양숙진

초판 1쇄 펴낸날   2003년 11월 7일

펴낸곳   ㈜현대문학
등록번호   제1-452호
주소   130-905 서울시 서초구 잠원동 41-10
전화   516-3770
팩스   516-5433
E-Mail   book@hdmh.co.kr / webmaster@hdmh.co.kr
홈페이지   www.hdmh.co.kr

찍은곳   대한교과서주식회사

ⓒ 이청준, 2003

값 9,000원

ISBN 89-7275-268-1 03810